新・学歴社会がはじまる

～分断される子どもたち

尾木直樹
Ogi Naoki

青灯社

新・学歴社会がはじまる
——分断される子どもたち

装幀　三村　淳

目次

プロローグ　拡大する学力格差、意識の二極化

日本の社会は、この一〇数年ですっかり変貌を遂げつつあるようだ。『下流社会』（三浦展、光文社、〇六年）『希望格差社会』（山田昌弘、筑摩書房、〇四年）『格差社会』（橘木俊詔、岩波新書、〇六年）など、格差を指摘する著作物の相次ぐ出版だけではない。テレビでは年収三〇〇万円以下での生活の仕方や住宅のリフォーム作戦、徹底した節約、タレントが貧乏生活ぶりを競う番組などが、目白押しである。しかも、高視聴率で受けている。

世の中全体が、節約を旨とする方向に流れている。しかもイヤイヤではなく、それらを社会全体が甘受し楽しんでいる向きさえ感じられる。明るく居直っている感さえするのだ。だからこそ「勝ち組」「負け組」などという言葉が使用されても、それへの社会的反発はまだまだ弱い。〇六年のテレビのお正月番組では、三〇億円もする自家用ジェット機で国内を忙しく飛び回る、ライブドアの堀江前社長が、ほんの一握りのヒルズ族の、「勝ち組」にもかかわらず、「温泉巡り東北の旅」なるテレビ特番に出演し、活躍する人気ぶりであった。

しかし、〇六年二月に逮捕。続いて六月には村上ファンドの村上前代表もインサイダー取引の

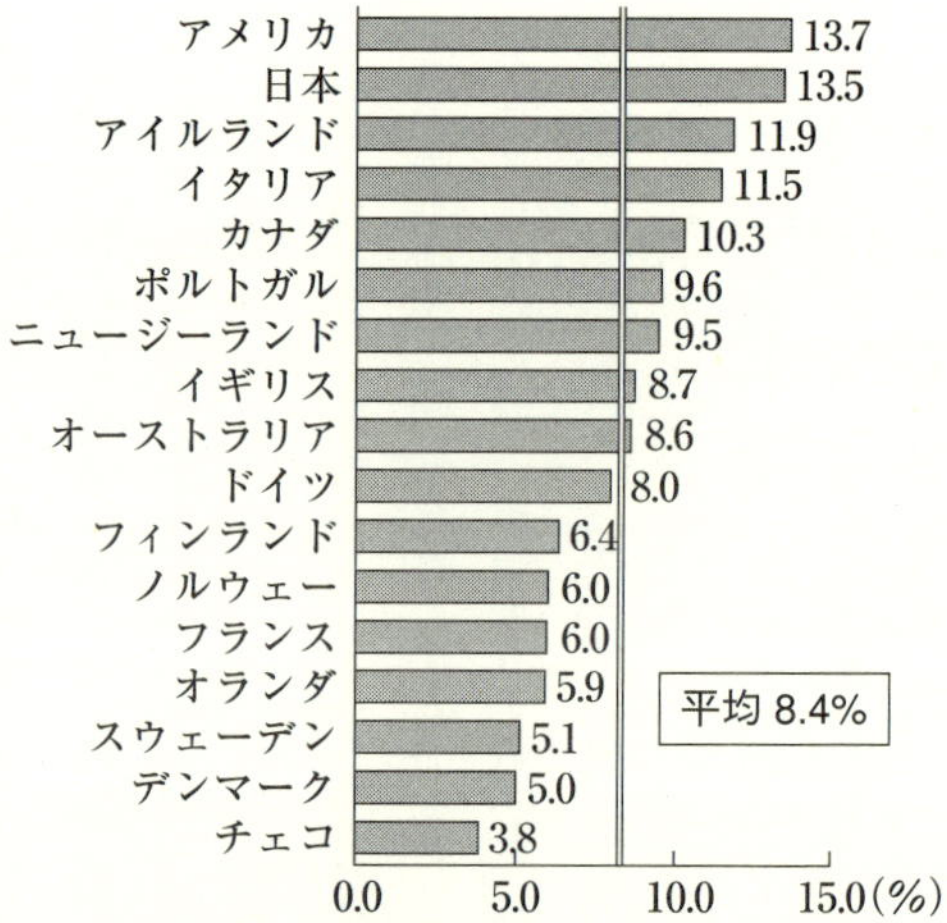

OECD対日経済審査報告書から作成。
ここでいう相対貧困率は可処分所得が中位の半分に満たない生産年齢人口の割合

図1　OECD諸国の相対貧困率比較
(2000年)

容疑で同じく逮捕。「勝ち組」のたび重なる失態によって、それら「貧乏物語」の大らかムードも微妙ながら、本質にかかわる重大な問題で変化の風が吹いてきたようだ。

「だまされているのでは」という疑いが芽生えてきたのである。

その変化の兆候は、「日経Ｋｉｄｓ＋」（キッズプラス）（日経ホーム出版社）、「プレジデントＦａｍｉｌｙ」（プレジデント社）「ＡＥＲＡ Ｋｉｄｓ」（朝日新聞社）など、サラリーマンの父親たちの子育て月刊誌が〇六年二月以来、続々と刊行されていることである。しかも、八万部、二五万部と売れ行き好調で、全体で一〇〇万部近い。内容も「頭のいい親子の勉強法」「受験に勝つ親子の四〇日間夏休みスケジュール」「英語脳を鍛える最強メソッド」「息子・娘を入れたい中学」「父も納得！　失敗しない学校選び」「一流校に入る」など完全な〝教育パパ〟育成誌である。

「下流社会の子にだけはしたくない」「負け組にしたくないんですよね」酒を飲みながら、その心の内を吐露するお父さんたち。「総貧乏」ムードに甘んじることを嫌って、少なくともわが子を負け組にだけはすまいと決意する父親たちが急増し始めたようだ。意識の二極化が始まったのかもしれない。

ところで、日本はOECD（経済協力開発機構）の中で、二〇〇〇年の相対的貧困率が一三・五％と、アメリカの一三・七％に続いて第二位であることが〇六年七月末に明らかになった。相対的貧困率とは、易しく言えば「所得の順番で並べて、真中の人の所得の半分以下の所得の人たちが、人口に占める割合」のことである。図は、一八歳から六五歳の労働年齢人口に限定して算出したものである。年齢を区切らずに、人口全体で計算した場合は、二五ケ国中第五位の一五・三％だから、この順位は、国際的には労働年齢の若い層での〝格差〟の方が大きいことを示しており、政府の「格差拡大は高齢化が原因」とする説は当てにならないことを示している。日本は、OECD平均の八・四％をも大きく超えている。人口全体比では、あの階級社会で格差が大きいと言われているイギリスの二倍（八・七％）近くにも達している。税金や社会保険を引いた自由に使える可処分所得、四七六万円の中央値の五〇％以下の所得、つまり約二三七万円以下の生活者が、世帯の一三・五％も存在するというのだ。格差の少ないデンマークなどでは、わずかに五・〇％、チェコは、三・八％にすぎない（図1参照）。これらの数値は、二〇〇〇年までのことだから二〇〇六年の現在では、恐らく日本は、OECDの中では世界一相対的に貧困率の高い国になっている可能性がある。

就学援助四年間で四割増に

〇六年一月三日の朝日新聞一面トップに、「就学援助四年間で四割増―東京・大阪四人に一人、学用品や給食費」なる文字が躍った。

公立の小中学校で文具代や給食費、修学旅行費などの援助を受ける子の割合が、この四年間で四割も増加したというのだ。とくに東京・大阪などでは、四人に一人（大阪二七・九％、東京二四・八％）に達している。全国平均では、一二・八％（文科省調べ）である。とりわけ東京の足立区では、〇〇年度は、三〇％台であったにもかかわらず、四年後の〇四年度には四二・五％と高い上昇率を示している。同区では、生活保護受給水準の一・一倍以内の家庭が対象となっており、支給基準はかなり高いレベルに設定されているといえる。支給額は年平均で、小学生が七万円、中学生が一二万円となっている。同区内には、受給率が七割にも達する小学校さえあるという。

報道によれば、こうした小学校では、担任は鉛筆の束と消しゴム、白紙の紙を持参して授業を始めるという。もちろん、ノートや鉛筆さえ準備できない子どものためにである。また、小学校の卒業記念文集の、「将来の夢」を書けない子が、三分の一もいたという。ノートや鉛筆が無いばかりか、将来自分が成長して大人になったらどんな人になりたいのか、どんな職業につきたいのか、イメージすらできないようだ。ある中学校では、給食だけ食べにきて姿を消す子も見かけるという。

ところで、全国の受給率を見て気になることが一つある。それは、私が講演活動などで全国を巡っていて受ける児童・生徒の家庭における経済状況の印象とデータとが見事に一致しているのではないかという点である。例えば、就学援助受給が高率の所では、教員の話としてこれまで述べてきたような事例に、数多くぶつかる。逆に低い地域では貧困層が少ないことも当然考えられるのだが、そのためというよりも、学校の人権感覚の鈍さから、指導がゆき渡らず、むしろ「就学援助」の申請は恥ずかしいことと考え、親たちがためらっている向きも多いのではないかと思える節がある。憲法に則った生活権、教育権の保障問題として、文化的な生活を営む国民の当然の権利として、積極的に申請すべきところを、遠慮していてなかなか権利行使ができていないのではないか。したがって、全国の本来の受給率の平均値をはじき出せば、恐らく現在の二倍を軽く越えるのではないかと予想される。

言うまでもなく「就学援助」とは、学校教育法では経済的な理由で就学に支障がある子どもの保護者を対象に、「市町村は必要な援助を与えねばならない」と定められていることによる施策である。保護者が生活保護を受けている子どもは当然だが、それに加えて、市町村が独自の基準を設定して「要保護に準ずる程度に困窮している」と見なされる子どもに対しても、「準要保護」として支給の対象とすることになっている。したがって、地方財政が厳しくなっている昨今では、この独自支給対象が縮小される可能性が高い。すでに全国の一〇五自治体が〇五年度に支給対象者や支給額を減らしていることが文科省の調査でわかっている（〇六年六月）。今後の動向が気になるところである。

これらの報道は、国会の論戦にも反映。小泉前首相は、「格差が出るのは悪いこととは思っていない。能力のある者が努力をすれば報われる社会という考え方は、与野党を問わず多いと思う」「光が見え出すと、影のことを言う。今まで影ばかりで、ようやく光が見えてきた。この光をさらに伸ばしていくことが大事だ」「どの時代も成功する人としない人がいる。貧困層を少なくする対策と同時に、成功者をねたむ風潮、能力ある者の足を引っ張る風潮を慎んでいかないと社会の発展はない」（〇六年二月一日衆院予算委員会）と答弁している。

経団連の新しい会長である御手洗氏（キヤノン会長）なども、「大事なのは競争が公正に行われているかだ。失敗した人が再挑戦できる仕組み、弱者への安全網が用意されていることを前提にすれば、国際化の中で、能力や才能、努力によって生まれる格差はむしろ称賛すべきことだ」と述べている。

これらは、果たして、本当だろうか。「最初の失敗」のチャンスさえ与えられていないスタート地点が違うという競争にさらされている点に全く気付いていないようだ。実態と照らし合わせて検討する必要があろう。

大丈夫？「競争教育」の方向

ところで、〇四年度に小学生一人にかかった家庭の学習塾や家庭教師代などは、〇二年度に比べて、一六・四％増の九万六六二一円にのぼり、学習費総額が消費支出を上まわる七％台の伸びとなっている（文科省「子どもの学費調査」）。ちょうど、「ゆとり教育」路線で学力が低下するのではないか、といった懸念がメディアを中心に広がった年度からである。ここには、親たちが苦しい家計の中、自腹を切ってでも、わが子の教育に希望を託そうとする気持ちがよく現われている。

授業料や入学金、給食費なども合わせた「学習費総額」では年間、公立幼稚園が二三万八千円、私立幼稚園が五〇万九千円、公立中が四六万九千円、私立中が百二七万五千円、公立高は五一万六千円、私立高は百三万五千円である。学費格差は、私立は公立の、幼稚園で二・一倍、中学二・七倍、高校は二・〇倍となっている。

これは、経済力による歴然たる格差である。なぜなら、就学援助金を受給しなければならない人々は、通塾などかなうわけがないからである。実際に経済格差がそのまま学力・学歴格差に直結しているデータは少なくない。経済的豊かさイコール学力の高さではない。しかし、経済的貧困層では、私学の選択肢すらなく、私学から高進学率の学校への途は断たれているのである。

このような学校間における、学費の二極化が進行した状況下の学校選択制や自己責任論は、それこそ「勝ち組」の一方的な論理やシステムであろう。福祉としての公共性を備えた教育、人間の発達、人権保障としての教育だからこそ大切にしなければならない機会均等の視点が吹き飛んでいるのである。もう一度数値を眺めつつじっくり考え直したいものである。

かつて、日本では自らを「中流」であると認識する国民が七割から八割にも達していた。「総中流意識」と揶揄されたほど安定感があったのである。つまり、それほど政治力による富の分配が均等感を与えていたのである。しかし、〇六年に入ってからの各種世論調査の結果を見ても、急速な意識変化が起こっている。貯蓄ゼロ世帯が二三・八％にも達し、自分は「下流」と答えた者が三七％と四割近くにも及んでいる。これらの経済・社会格差は、教育・学力格差に直結し、やがて社会の安定的基盤を突き崩しかねない。そうしないために、格差の実態とともに子ども、青年の生き方や苦悩について、マネーゲームによる「勝ち組」の危険について、そして、格差を超えた社会構築のためのイメージやデザインを明らかにしたいと考える。

第Ⅰ章では、所得格差がいかに広がってきているのか、その実態を中心に報告する。第Ⅱ章ではその経済格差がどのように教育の格差へと連動しているのか、これも実態を解明したい。第Ⅲ章では、大騒ぎされた九〇年終わりから〇〇年代初めにかけての「学力低下論争」とはいったい何だったのか。どのような本質を秘め、どんな役割を果たしたのか——結局〝何でもあり〟の教育「改革」を押し出し、公教育や義務課程においてエリート教育を公然と認める結果になっただけではないのか。即ち、できる子を伸ばすことを目的としながら、体《てい》の良い教育の「新しい差別」化路線の容認にすぎないのではないだろうか。第Ⅳ章では、「人生の進路」としての「生き方」や「あり方」を考えるキャリア教育をニート問題を手がかりにしながら考える。第Ⅴ章では、エリート教育の勝ち組は、本当に人生における勝ち組なのだろうか、という問題意識を深めたい。最近では、金融教育が政府や業界の肝入りで展開され始めたが、それらの実例を批判的に検討する。第Ⅵ章では、親の子育ての真の要求はどこに潜んでいるのか。いわゆる「学力」一辺倒なのか、それとも人格か。教育の条理に即して熟考したい。親の要求は教育施策の基本だからである。最後の第Ⅶ章では、ライフラインとしての教育保障について、どのように格差教育を超え「新・学歴社会」を定着させないかについて述べ、新たな展望についても考えたい。「教育バウチャー制」などという形だけの「バラマキ教育政策」に目を奪われては、逆に格差を拡大、固定化させかねない。先行する諸外国の例にじっくり学び、教育に希望を託せる安定した日本を展望する必要があるのではないだろうか。

I　広がる格差——階層社会化する日本

〈はじめに〉

〝格差社会〟という言葉が連日のようにメディアをにぎわせている。その中でも、「そもそも格差は拡大しているのかどうか」が一つの大きな争点となっている。

二〇〇六年に入るや「格差が拡大している」という言説の勢いが増してきているように見える。その一つは、後述するジニ係数や貧困率の増大がある。

さて、この一〇年間で中小企業の従業員の給与は一六%も下落している。一方、資本金が一〇億円以上の企業では一%上がっている（財務省法人企業統計調査）。これは格差が拡大しているなどと論じる統計・調査を武器とした言説である。

もう一つの論点は、格差は昔から存在し、八〇年代からの緩やかなトレンドにすぎないと楽観視する説である。実は、高齢世代ほど格差は大きく、近年の高齢社会化は、格差拡大の様相を数値的に演出しているにすぎないとか、また、若者世代では長期にわたる不況のため、フリーター、ニートなどが正規雇用者との間の給与格差を大きくし、これら二つの要素が重なり合って一見「格差拡大」が進行しているかのように感じるだけであって、真実は言われているほどはないというのである。確かに、そのような一面がないわけではない。しかし、「序」で述べたように、OECDの二〇〇〇年試算は一八歳から六五歳の実質労働人口比での貧困率が一三・五%と世界第二位を占めており、けっして高齢化説は当たらない。しかも、そういう論者たちですら、長期的には格差拡大の可能性を否定していないのも最近の論調の特徴である。

また、格差拡大の要因として、「生まれ」によるものを挙げる論者が多いのも特徴である。例えば低成長・少子化社会説（大竹大阪大教授）や子どもが生まれ育つ家庭環境や階層説（苅谷東大教授）、あるいは独創性や交渉力といった能力は、個人的資質であると同時に幼児期からの家庭環境に規定される落差である、つまり「生まれ」と「育ち」によって「格差」が発生（本田東大助教授）するのだというわけである。

これらの諸要因も確かに一定の説得力を有してはいる。しかし、これらはあまりにも宿命論・運命論的見地に陥ってはいないだろうか。たとえ、それらのデータが事実であったとしても、それを引き起こす要因は神の定めでも、自然現象でもなく、きわめて政治的・人為的事象と言わなければならない。

ここでは、⑴世論調査による国民の格差意識の実状について、⑵具体的数値による格差社会化の実態について論じておく。以上を通して、「格差」の正体をていねいで包括的に把握しておきたい。

一　格差拡大を実感する国民

朝日新聞（〇六年二月五日付）による世論調査（郵送方式〇五年一二月から〇六年一月実施）結果では、「所得格差が広がってきている」と思う人は七四％にも達し、「思わない」（一八％）を大きく上回った。このことについて「拡大していると思う」人のうち七割の人は、「問題がある」と捉えている。つまり先の小泉構造改革との関連で言えば、全体の五一％の人が「所得格差が広がってきており、問題がある」と考えていたことがわかる。また、「お金に困るかもしれない不安」を感じる（八一％）一方で、「勝ち組」「負け組」に二分する見方については「抵抗を感じる」人が五八％と「感じない」三五％を大きく上回っている。なぜなら、格差が「個人の能力や努力以外で決まる面が多い」からと考える人が五四％にも上っているからである。

とは言うものの「競争」については、「社会の活力を高める」と「思う」人が五九％にも達していている点には注目すべきではないだろうか。なぜなら「社会の活力を高める」有効な方法は他にも多数考えられ、それらの模索と提示こそ今日の緊急課題である点に気付いていないからだ。

一方、読売新聞の全国世論調査（面接方式〇六年三月一一、一二日実施）結果ではどうか。「あなたは、今の日本では、所得などの格差が広がっていると思いますか」という問いに対しては、「そう思う」(「どちらかといえば」を含む)が八一・四%にも達している。「思わない」(どちらかと言えば含む)は、わずか一一・九%にすぎない。その理由について、「小泉首相の構造改革が影響している」と思う者は、「大いに」と「多少は」を合わせると五六・四%もあった。このような格差を「問題」視したものは七八・七%と、先の朝日新聞のデータよりも強い批判が示されている。また、「努力をすれば、格差を克服できる社会だと思いますか」に対しては、「そう思う」と「どちらかと言えば」を合わせると三八・八%と、問題視する見方と両極に分かれた。

日本経済新聞のデータではどうなっているのだろうか。

自分の暮らし向きをたずねたところ、一九八七年のバブル期の同社の調査では、上流二%、中流七五%、下流二〇%となっていたが、〇六年では上流一%、中流五四%、下流三七%である。すなわち、中流意識は二一%も減じ、かわりに、下流意識は、約二倍にも増加していることがわかる。

これら三紙の独自調査結果からも、「中流から下流」意識の急増と、そのいずれもが小泉政権の政策による問題性を指摘するという一致した見方を示している。

二　どのように拡大しているのか

「生活苦しい」五六％

厚生労働省の発表（国民生活基礎調査〇六年六月二八日発表）によると、前年度「生活が苦しい」と回答した世帯は、五六・二％を超え、過去最多（前年比〇・三％増）を更新した。調査は、〇五年六・七月に全国四万五千世帯を対象に実施（回収約七〇〇〇）したもので、所得は〇四年の一年間を示している（図Ⅰ−1）。

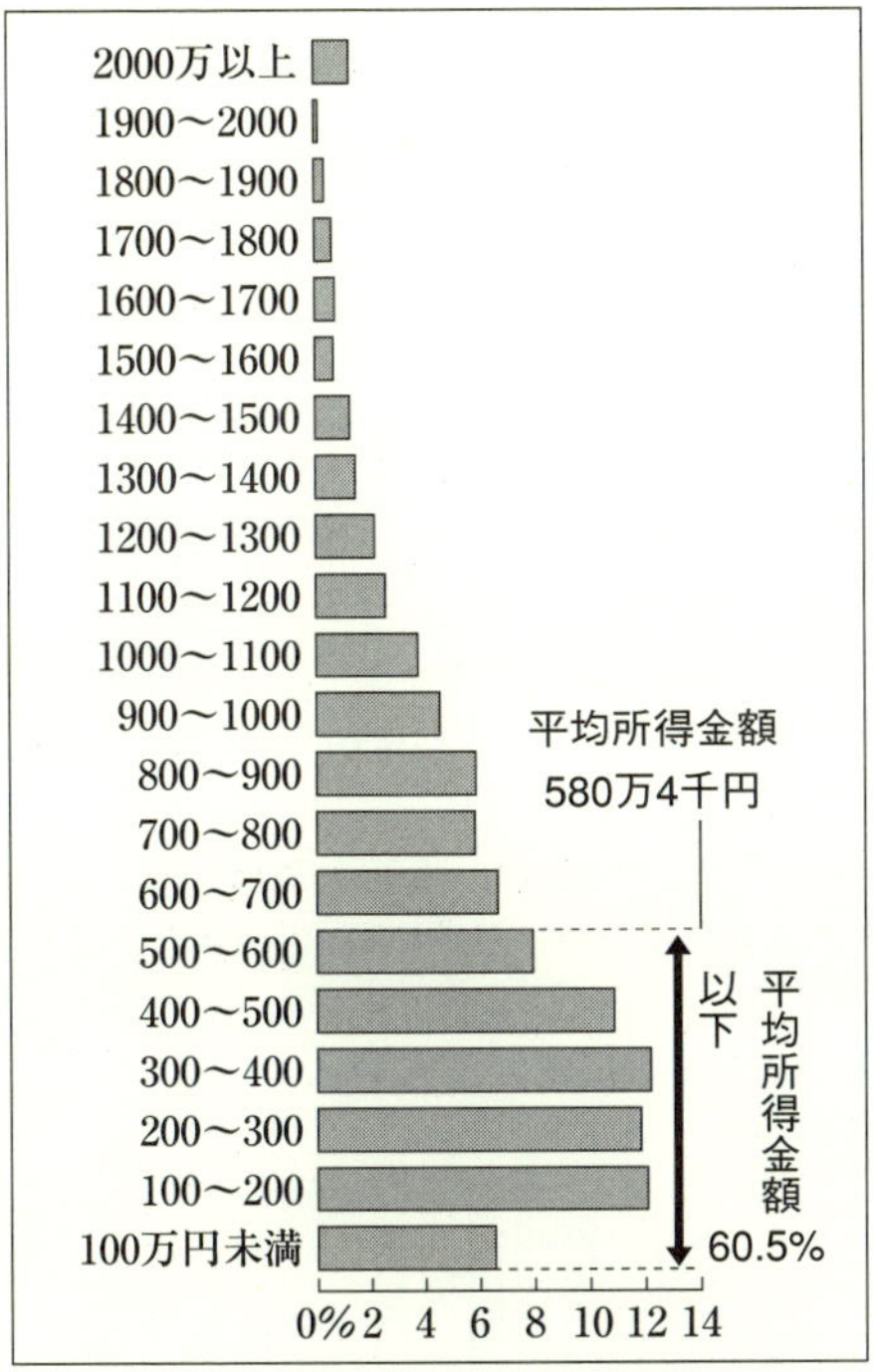

図Ⅰ-1　04年の所得階級別の世帯割合
（朝日新聞 2006. 2. 5）

　これによると、全世帯の平均所得は、五八

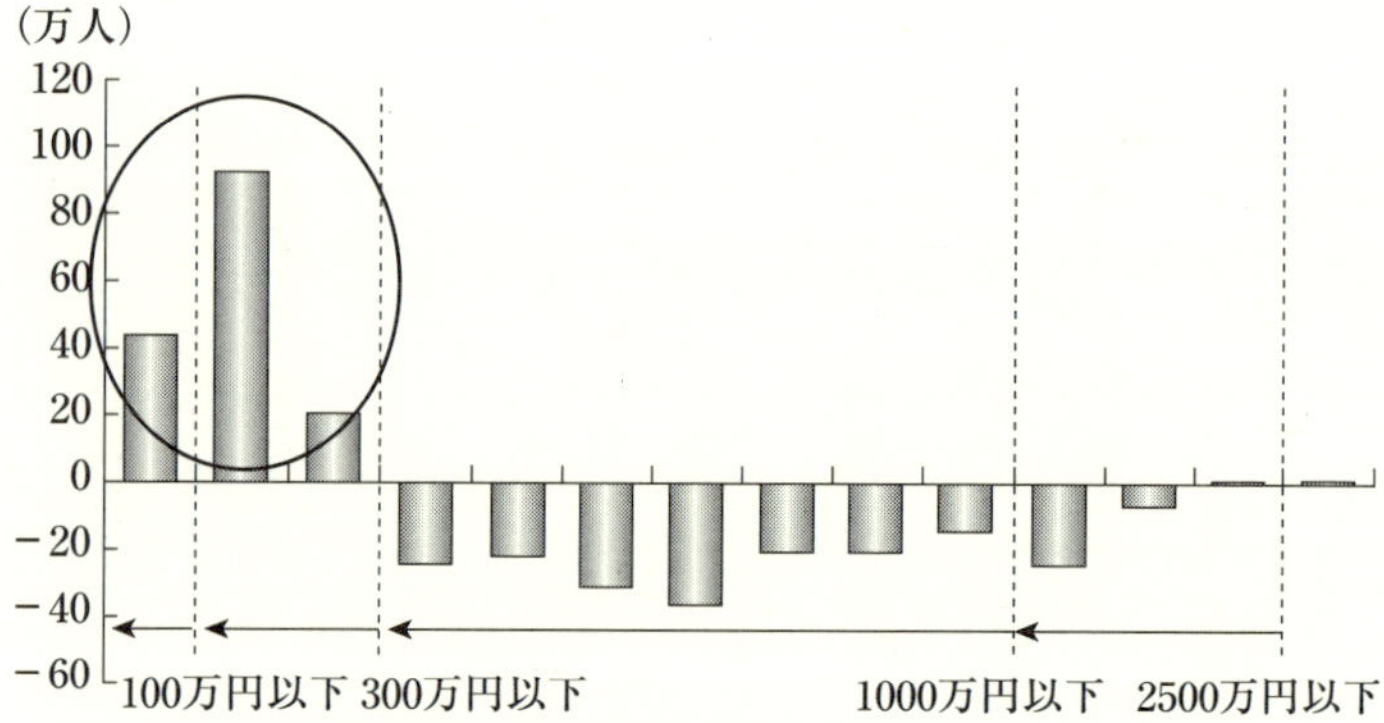

（注） 年収1000万円以下の区切りは100万円ごと、それ以上は500万円ごと。民間給与実態統計調査（国税庁）から作成

図Ⅰ-2 年収300万円以下のサラリーマンが急増
1年を通じて勤務した給与所得者数の2000年と04年の比較

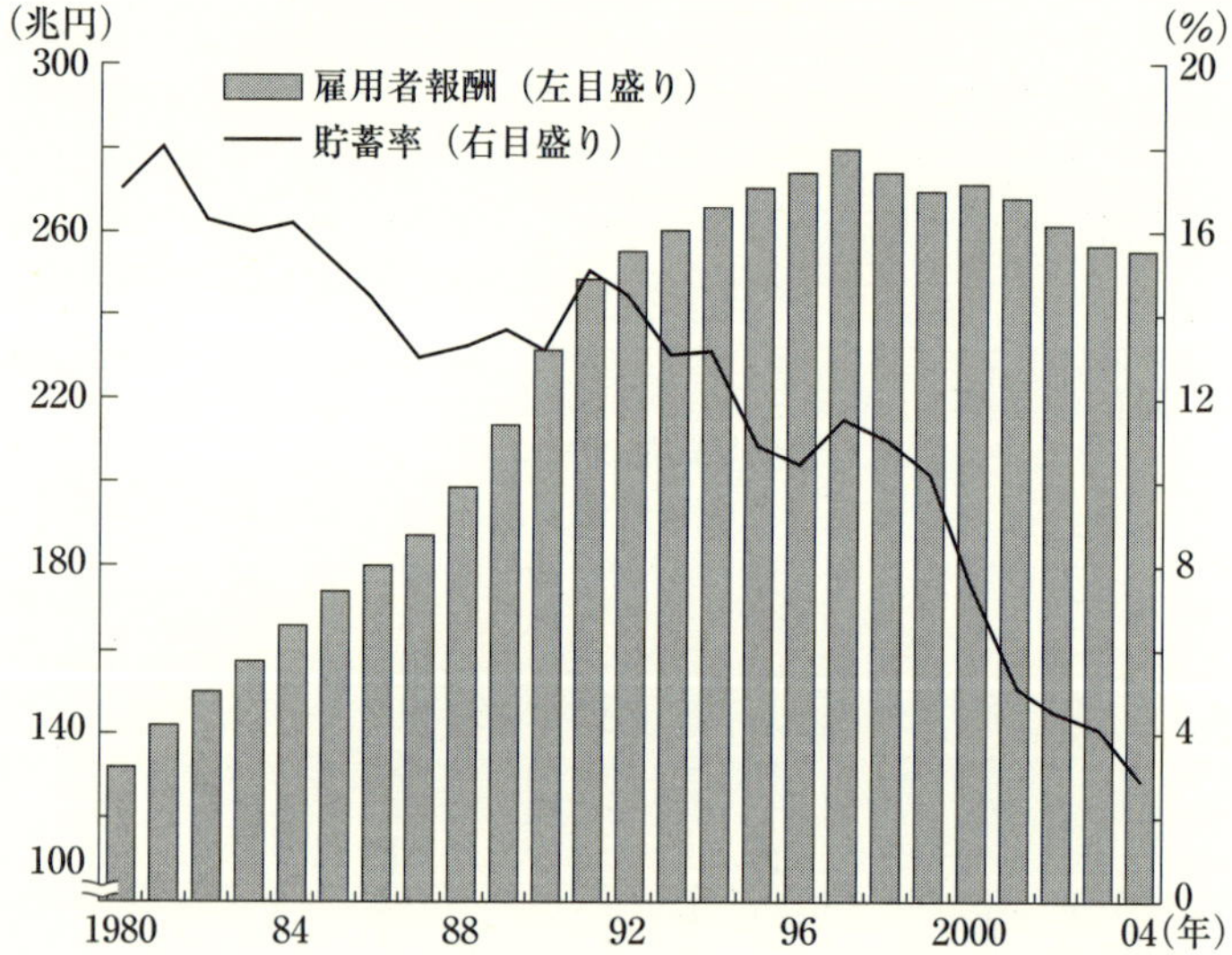

国民経済計算確報

図Ⅰ-3 雇用者報酬と貯蓄率

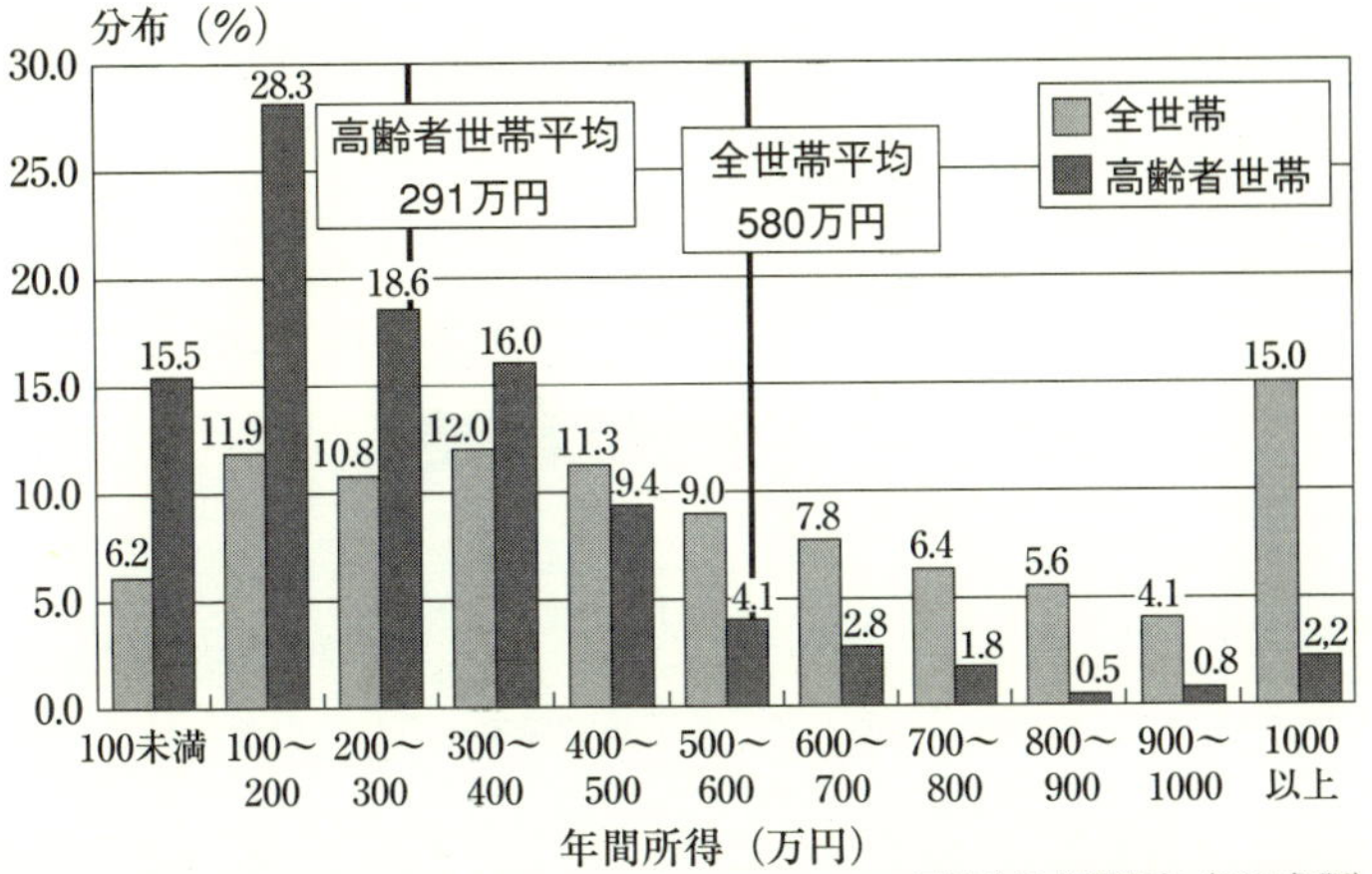

国民生活基礎調査（2004年版）

図Ｉ-4　高齢者世帯の年間所得の分布

〇万四千円。八年ぶりの上昇に転じているのだが、高所得世帯が全体平均を引き上げた結果のようだ。図Ｉ-1から明らかなように、一〇〇万円ごとの所得階層別所得では、四〇〇万円から八〇〇万円の世帯は三一・五％（前年比三・六ポイント減）に対して、三〇〇万円未満世帯は、三〇・六％でいずれも増加（一・八ポイント増）している。一千万以上の所得層は、一五・一％（〇・九ポイント増）となっている。

またこれを国税庁の民間給与実態統計調査で二〇〇〇年と〇四年の変化を比較すると、図Ｉ-2の通り年収三〇〇万円以下のサラリーマンがいかに急増し、三〇〇万超二〇〇〇万円以下の労働者が減少しているかがよくわかる。

このような中で、内閣府による〇四年度国民経済計算確報によると、〇四年度の家計貯蓄率は、八〇年代から下降傾向を示し、小泉前首相

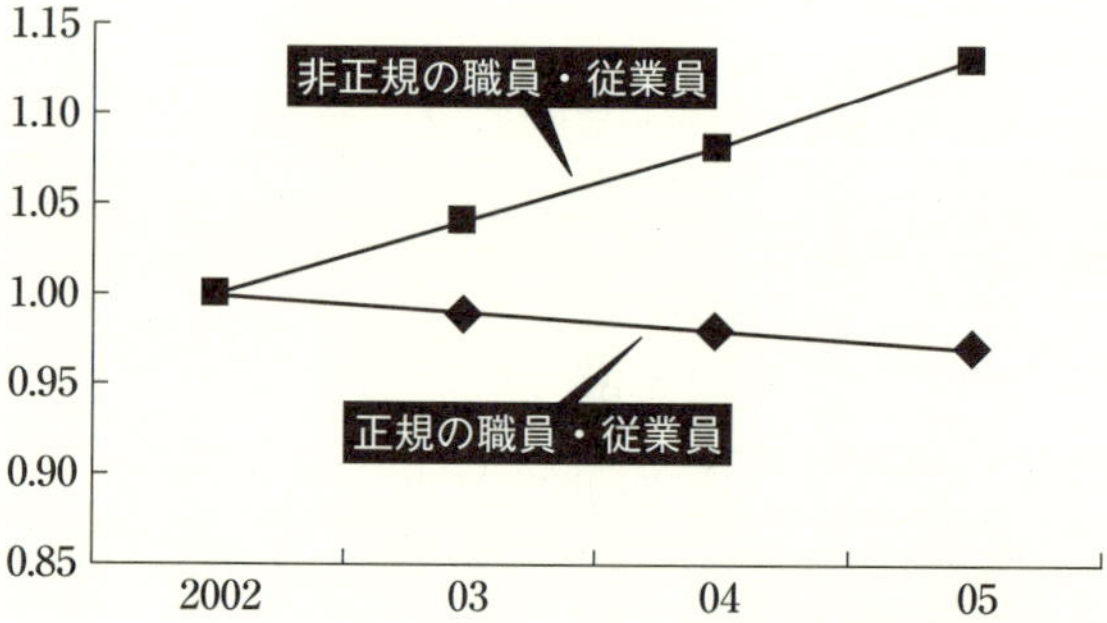

総務省労働力調査から

図Ⅰ-5　非正規労働者・正規労働者

が「構造改革」に入るやその下落ぶりは急激で、ついに二・八%にまでなっている（図Ⅰ-3）。金融広報中央委員会の調査では、貯蓄ゼロ世帯が二三・八%にまで増加し、四世帯に一世帯がいわゆる貯蓄ゼロとなっている。これが単身世帯になると四一・一%と、約半数にも達している。非正規雇用の場合、年額一〇〇万円以下が四〇%以上にも達しているという現状を見れば、貯蓄もできずに若者がいかに使い捨てにされているかが推測できるのである。

また母子家庭では、〇四年の平均年収は、二二五万円と一般世帯の五八〇万円の半分以下という悲惨な状況である（「母子家庭白書」厚生労働省）。

さらにこれまでも格差容認論者たちによって、格差を広げている論拠とされてきた高齢者世帯の年間所得の分布を全世帯の分布状況と比較すると、客観的に論評している場合ではなく、その深刻さは明らかである（図Ⅰ-4）。このことは、けっして格差容認の論拠となるようなデータではなくて、逆に先の若者や母子家庭とともに高齢者の生活支援が急務である証拠のそれと受けとめるべきではないだろうか。

非正規雇用が過去最多に

図I-5からわかるように、〇二年を「一・〇」とした正規労働者と非正規の推移状況は、大きなシザー（鋏）を描いている。パート、アルバイト、派遣、契約社員などの非正規雇用者が、全労働者の三二・六％（〇五年平均）、女性は五二・五％と過去最多に達している。統計開始年の一九八四年時点では、男性七・七％、女性二九・〇％（合計一五・三％）にすぎなかったデータと比べると、いかにこの二〇年間で、日本の雇用形態が変化したのかよくわかる。

地域間（県別）県民所得の格差も拡大

内閣府が発表した雇用者報酬、財産所得、企業所得など各県経済全体の所得水準を表すデータ（〇三年度「県民経済計算」〇六年三月一四日）によると、都道府県間の格差が、小泉前政権発足の〇一年四月以降上昇していることが判明した。一位の東京都（四二六万七〇〇〇円）と最下位の沖縄県（二〇四万二〇〇〇円）との差は、何と二二二万五千円にも及ぶ。前年度比較でも一三万一千円も広がっている。上位一〇都府県では平均で一・二％増加しているのに対し、下位一〇県では反対に〇・七％減少しており、格差が広がっていることがわかる。これらの格差を是正するための地方交付税交付金を見ると、一人当たりの行政サービスは、例えば島根の三二万円に対して、埼玉や神奈川では一三万円と逆の地域間格差を設けている。したがって最大二・五倍の開きとなっている。つまり、国費を再配分して所得格差を埋めようとするバランス志向が働いていいないわけではないが当然、修正するには至っていない。

以上のように格差を多角的に眺めてくると、バケツの底が抜けたような深刻な貧困層が増大している。その苦しみもまた深刻になっていることは明白であろう。

生活保護世帯が一〇四万件を突破し、貯蓄ゼロ世帯が二三・八%にも達しただけではない。高齢者の介護保険料、国民健康保険料、所得税、住民税負担は、〇五年度の平均一一万七〇〇〇円から〇七年度は、二六万四三六六円の二倍以上にハネ上がろうとしている（夫が厚生年金月額二〇万円あまり、妻、国民年金六万円弱の都内在住夫婦の場合）。

これでは、国民健康保険料が支払えない世帯が全国で四百七十万世帯にも上り、一年以上滞納して保険証を取り上げられた世帯が三一万九三二六世帯に達しているというのも当然かもしれない。この保険証を取り上げられた世帯は二〇〇〇年比、三・三倍で急増しているのである。有効期限を三ケ月などと短期に限定した保険証でしのぐ世帯も一〇七万二四二九世帯にも上る。これでは、病気やケガをしても病院にかかることもできず、命と健康すら守れない。

最後に、産業構造審議会基本政策部会が公表したアンケート結果を紹介しておく。日本は「公平な社会である」と「まったく・あまり」思わない国民が五九・七%にも上り、「公平」と思う者は、わずか二・六%にすぎない。

格差は八〇年代からの一貫したトレンドであるとか、単身世帯や高齢者問題が主要な要因であるとか、いかに説明しようとも、事実は数値がはっきり示している。今や格差は拡大し、二極化に向かっていることは確かである。貧困層の苦しみは、もはや限度を超えており、命をも奪われかねない。国として早急にケアしなければなるまい。

では、これらが教育や子育ての領域にどのような影響を与えていくのだろうか。

次章以降でつぶさに検討する。

Ⅱ　教育格差と学校の多様化・複線化
――競争原理と選択の自由の真相

〈はじめに〉

所得格差がこの数年来、急速に日本社会を襲っている実態については、前章で具体的に概観することができた。

本章では、こうした経済格差がどのように教育格差の要因となって連動しているのか、まず教育格差そのものの実態を把握したいと考える。続いてある意味では、昔から存在する教育格差がなぜ今になって、これほど騒がれるのか。そして、実際に教育格差の拡大と固定化はどの程度深刻化しているのか、またその背景や原因は何なのか等について明らかにしていき、それらの現状報告と分析を交えながら論じたい。なぜなら、所得格差の拡大によって教育の機会均等が喪失させられ、格差の世代間連鎖が始まったとするならば、将来的には国の活力を弱体化させ、国際社会のダイナミックな歴史の発展から日本だけが取り残されかねないからである。

小泉前首相は、国会の予算委員会において次のように語った。

「学校の成績がよくないからと悲観する必要はない。人には持ち味がある」。

本当に悲観する必要のないようにいく重にも手をさしのべるのが、政治と行政の役割であろう。教育基本法第一〇条二項にあるように「教育行政は、この自覚のもとに、教育の目的を遂行するに必要な諸条件の整備確立を目標として行われなければならない」のである。ところが、学校の成績が良くない原因や背景に経済格差や出自、文化格差が横たわっているのだから、前首相の言葉は慰みにもならない。むしろ、奇弁ではないだろうか。果たして実態はどうなっているのか、眺めていこう。

一　急増する就学援助金と授業料免除

急増する就学援助金

序でも既に述べたのだが、「就学援助」を受ける人が急増している。〇四年度に経済的理由で、国や区市町村から給食費や学用品代、修学旅行費などの援助を受けた義務教育課程の小・中学生は、一三三万七〇〇〇人に上る。これは、全小・中学生の一二・八％に相当している。九五年度は約七七万人、〇年度の九八万一〇〇〇人から、この四年間だけでも何と三六％、約四割も増えたことになる（文科省調べ）。

もう少し詳細に検討すると、生活保護世帯の子どもが一三万一〇〇〇人。区市町村教育委員会が、生活保護世帯に準ずると判断した子ども（「準要保護家庭」）が、約一二〇万六〇〇〇人となっている。大阪府では、受給率が二七・九％にも上っており、東京都の二四・八％、山口県の二三・二％と並んで高い数値を示している。また、東京都のある区では、受給率が四二・五％と二人に一人の高い割合となっている。

文科省の調査（全国一二五区市町村教委対象〇六年二月実施）によると、就学援助受給者の増加原因（複数回答）は、「企業の倒産やリストラ」（七六・〇％）、「離婚などによる母子・父子家庭の増加」（六〇・〇％）がとくに目立っている。

やはり、ここでも単なる家庭内・夫婦間の個別的問題だけではなく、、今日の日本の雇用状況、経済環境の厳しい変化によることがよくわかる。

ところが、〇五年度から国庫補助金が打ち切られ、地方における支給（「準要保護」）が義務ではなくなったために、この財政難の折、すでに〇五年四月から地方独自の保護を打ち切らざるを得なくなっている自治体は珍しくない状況である。先の文科省調査でも、認定基準の引き下げや支給対象の縮小は、名古屋市や新潟市など八四・〇％にも及んでいる。

例えば、名古屋市では、これまで四人家族で年収が三五七万円以下なら援助されたものが、〇五年度からは二九七万円にまで、つまり六〇万円も基準が引き下げられたのである。また、東京都内で比較しても、地域間格差の大きさには目をおおうばかりである。

所得基準は、四人家族モデルで、約五五五万円から約三〇五万円まで、つまり、二五〇万円もの支給基準の格差が生じている。

第一章では、経済格差が地域間格差を伴って急速に進行している状況を見てきたが、この就学援助金問題からもそのことは明らかである。地域の財政力（経済格差）が、家庭の経済格差と相乗作用をしながら、子どもたちの間の教育格差を生み出し、ひいては学力格差へ深化し固定化する危険をはらんでいるといっても過言ではない。このような学力格差問題は、きわめて人為的・政策的側面が強く、子どもたちの教育を受ける機会均等の原則（「憲法第二十六条」）に反している。経済格差の問題は子ども自身の責任とはとうてい言い難い。

学力格差と就学援助金は連動するのか

学校現場では、以前から家庭の経済力と学力がかなりの相関関係を持っていることは、いわば〝常識〟であった。現に、東京二三区の中でも就学援助金受給率が高い区ほど、全体的に学力テスト（東京都の実施する全都一斉テスト）の結果が低いことが実証されている（図Ⅱ-1、東京二三区の比較結果。朝日新聞〇六年三月二五日付）。

図Ⅱ-1によると、受給率が四割前後の最高値を示している区では、学力は、逆に小中ともほぼ最下位に位置している。一方で受給率が一ケタ代の区では、小中のいずれも学力は一位である。私立中学校に半数近くが抜ける区とは異なり、ほぼ全家庭の全児童が在籍すると見なしてもよい小学校段階では、この相関関係の強さがきわ立っている。中学校の方を見ると、一部例外的なドットの位置を示す区も存在するが、これは私立中受験で成績上位層が抜けたり、その他の何らかの人為的な要因が絡んだりした結果である可能性が高い。

しかし、いずれにせよ、区によっては小学校の四教科で三〇点、中学校の五教科で五〇点前後、つまり各教科平均約一〇点の差が生じていることは間違いない。

このことは、図Ⅱ-2からもわかるように、国語や英語といった個別の教科においても同一の相関関係が示されている。ちなみに足立区の就学援助受給率は四二・五％であるが、〇五年度の東京都の学力テストでは、小学校（小五）では三〇五・五点で二三区中二二位、中学校（二年）は三六〇・四点でやはり下から二番目の二二位である。これに対し、東京では六・五％と最低の受給率を示した千代田区では、小学校三二九・一点で二位、中学校三九〇・八点で三位となっている。ちなみに千代田区は前年度は小・中とも一位であった。

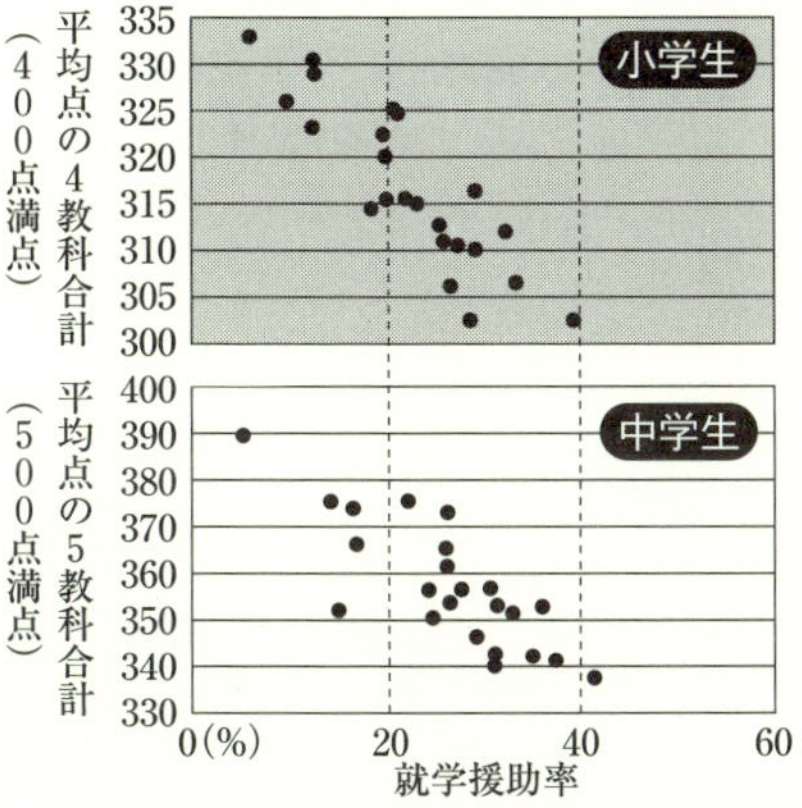

図Ⅱ-1　就学援助率と学力の相関
（東京23区04年度）

これらのデータから、経済力が学力に反映しているとみてもよいのではないだろうか。さらに、東京二三区の一人当たりの給与所得ランキング

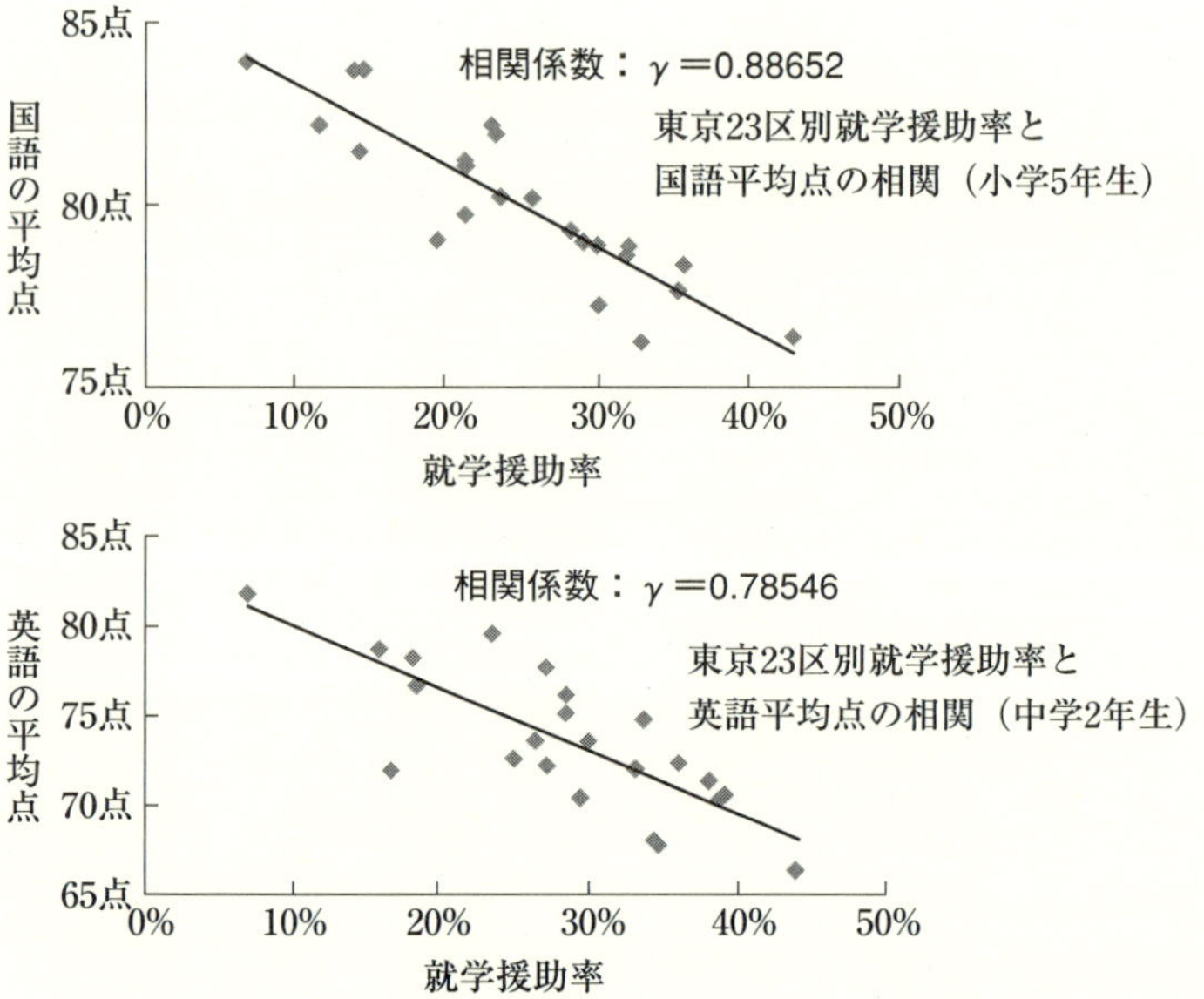

（出典：「日本の教育を考える10人委員会」作成資料）

図II-2 就学援助率と国語・英語の得点における相関（東京23区）

と、先の小学校学区順位を比較したのが表II-1である。所得と学力がいかに密接に絡んでいるか、一目瞭然ではないだろうか。例えば、一位の港区の所得は、七一五万円。これに対し、足立区は半分以下の三四二万円であり、学力（小学校）順位は、七位と二三位。上位群と下位群の相関関係ははっきりしている。

　このように比較・検討すると、今日学校現場で大流行している競争主義的原理に基づく学力テストや小・中学校の学校選択制、小・中一貫校の設置による義務教育の「複線化」等は、とても公平なスタートラインに立った「競争」と

表II-1　東京23区1人当たり給与所得と学力順位

地　区	総人員	1人当たり（千円）	指　数	学力順位（小学校）
総　数	3,141,432	4,234	100.0	23
港　区	70,082	7,151	168.9	7
千代田区	16,130	6,122	144.6	2
渋谷区	81,699	5,986	141.4	6
文京区	69,612	5,288	124.9	1
目黒区	103,379	5,125	121.0	3
中央区	37,692	4,961	117.2	5
世田谷区	316,269	4,892	115.5	8
新宿区	105,385	4,638	109.5	11
杉並区	200,080	4,555	107.6	4
練馬区	242,342	4,203	99.3	13
品川区	137,133	4,182	98.8	12
大田区	263,528	4,068	96.1	19
豊島区	92,400	4,067	96.1	10
中野区	118,369	4,033	95.3	15
台東区	56,882	3,961	93.6	16
江東区	155,288	3,792	89.6	18
板橋区	194,691	3,733	88.2	14
北　区	117,928	3,666	86.6	17
江戸川区	241,286	3,610	85.3	23
墨田区	84,727	3,567	84.2	20
荒川区	65,323	3,561	84.1	9
葛飾区	155,119	3,498	82.6	21
足立区	216,088	3,429	81.0	22

平成2003年7月1日現在。指数は23区平均を100とした。
資料：東京都総務局行政部「市町村税課税状況等の調」（平成15年度）を基に尾木が加工作成。ただし、学力は05年度。

は言えない可能性が高い。一定の経済力に恵まれた階層が、自己犠牲を強いながら塾通いや家庭教師を雇うことによって、かろうじてわが子の学力を上げ、加えてかき集めた情報を駆使し、少しでも自分たちの希望にそった学校を小・中学校の義務教育段階から〝選択〟させられているにすぎない。義務教育段階から経済力による地域間格差と学力格差をこのように複雑に絡ませながら拡大させられたのでは、生活に追われている人達にとっては、敗者復活戦などと耳に心地のよい言葉を投げかけられても、「ごまかし」にすぎない。機会平等に見える〝選択〟そのものが最初から不平等に満ちているからである。そもそも、教育は国民への学力、人格、生活力、IT力など「生きる力」「市民としての力」を育成し、人格と発達保障が中心課題であることを考えれば、極めて人為的で作為的な差別化路線と言わなければならない。国民を子ども期から分別する政策に陥っている危険性が大きい。

公私間格差

また、忘れてはならないことは、これら公立の義務教育課程における格差問題とは全く別に、私立小・中（中・高一貫）学校、つまりもっと経済力豊かな層の進路先と公立間との格差が固定化・拡大化している点である。

しかも、トップエリートの私学に対する国の補助が手厚すぎるのである。

例えば、〇六年四月に愛知県に開校した海陽中等教育学校（中・高一貫全寮制男子校、一学年一二〇名）がその典型であろう。トヨタ自動車、JR東海、中部電力が中心となって半分以上を出資。残りを八〇社あまりが賛同企業として寄付し開校。年間の学費と寮費は、約三三〇万円にもなる。それが、六年間だから総額約一八〇〇万円にも達する。とても一般サラリーマンの家庭が出せる金額ではない。当然のことながら、親の年収は一五〇〇万以上の家庭が入学者の三八％と最多。続いて一〇〇〇万～一五〇〇万が三二％、七〇〇万～一〇〇〇万が一八％、普通のサラリーマンの平均年収に近い七〇〇万以下はわずかに一二％である。にもかかわらず学校法人格の私学と認定し、庶民の税金から私学助成金まで支給している。おまけに開校前には、文科省職員がJR東海におよそ一年間も派遣され、イギリスのイートン校をモデルにすべくその職員が寮システムなどを視察。学校設立に対して金銭面だけでなく、カリキュラム、運営に至るノウハウまで学ばせるという特別扱い。異例の支援体制をとったのである。これは、文科省のみを批判するのはやや見当違いかも知れない。今や国策としてエリート教育に本腰を入れているのである。団塊の世代が体験的に有していたと思われる教育観は今や姿も形も激変したのである。

与謝野前金融相（元・文科大臣）は、「神様がつくってしまった才能の違いを全部まとめて平等に扱うのは無理」「飛び抜けて出来る人を社会全体で大切にした方が、我々平均的な人間は得するのではないか」などと、公然とエリート教育を肯定する発言をテレビでしている。いわば、狭義の教育論や個別の政策からでなく、思想的・政治的な中心政策として、つまり政府の重要な政治路線として、今日の「教育の構造改革」が推進されているからである。また、元教課審会長の作家三浦朱門氏の「戦後五十年、落ちこぼれの底辺を上げることばかり注いできた労力を、できる者を限りなく伸ばすことに振り向ける。百人に一人でいい、やがて彼らが国を引っ張っていきます。限りなくできない非才、無才には、せめて安直な精神だけを養っておいてもらえばいいんです」（斉藤貴男『機会不平等』文春文庫、〇四年より）」という発言や、ノーベル賞授賞者である江崎玲於奈氏が入学前検診によって遺伝子チェックをし、子どもを細かく能力別に分別してコースに分け効率的な教育を行えと発言したことなどは、戦前のヒトラーの選良思想的な人間観や狭い科学主義に共通の思想であろう。強く批判せざるをえない。それにしても「高一までに高三の内容を修了する」などという〝前倒しカリキュラム〟戦略で、どうして心豊かな、人々に愛される公僕としてのエリートが育つというのだろうか。あまりにも安易すぎ、志が低すぎやしないか。

学校は、公立・私立を問わず、経済的な制約だけで進学できない、希望が断たれるなどということは極力避けなければならない。意欲と能力に優れていれば、個に応じて支援し伸ばすべきであろう。とくに経済的な問題から、力を伸ばすことができない子どもが出てはならない。子どもの希望を奪うばかりか、国としても有能な人材を育てていないことになり、将来大きな損失になるからである。

二　「格差固定」の高校では授業料減免生徒急増

日本における格差のあおりは、高校段階で学校ごとにはっきりと固定化されて現われる。

公立高校における授業料免除や減免基準は県ごとに条例などで定めており一律ではない。しかし、文科省の調査によると、〇四年度の減免率は、全国で八・八％にも上っている。これは、全国の高校生の一一人に一人に当たる。九六年度の調査開始以来毎年上昇し続け、八年間で五・四ポイントの増加。生徒数では二倍にも膨らんだ。

この増加傾向は、〇五年度の高校生の修学保障に関するアンケート（全国八九校対象、日本高等学校教職員組合調査）からも明らかである。授業料滞納者は増加の一途をたどっている。しかも、地域間格差が大きく、大阪（二四・一％）、鳥取（一三・八％）、北海道（一三・〇％）に対して、静岡（二・〇％）、愛媛（二・七％）、岐阜（三・〇％）は低くなっている。

また後述するが、日本の高校の場合、学校間格差が大きいことが国際的な特徴と言ってもよい。例えば、大阪府の全日制では、最高の六〇・九％から最低の五・四％まで。東京でも三〇％から一・四％までと開きが大きい。他の地域でも一般的に農業・工業などの専門高校ほど減免率が高く、いわゆる進学校ほど低い傾向にある。

経済力が学力格差に

これらの数値は、高校生活にも大きな影響を与えているようだ。先の高校組合の調査では、経済的理由から「修学旅行への不参加」者が見られる高校は四二・九％にも及び、経済的理由による中退者も一九・六％の学校で見られるという。

学力格差の拡大と固定化が背後に潜んでいそうである。

経済力がある家庭は、塾に通ったり家庭教師を雇うことができる。また幼少期より家庭で音楽や美術鑑賞等の文化・教養領域に参画することもできる。また、自分専用のパソコンを持ったり、本を買って視野を広げることも簡単にできる。もともと家には本も多く、常に学習しやすい文化環境に恵まれている。

だから経済力は知識・教養を間接的に引き上げ学力も上げるのである。小・中で学力が高ければ、習熟度別授業では、つねにスピードのある「できる子」クラスに所属できる。こうしてできる子はますます出来るようになっていくという、相乗効果をもたらす仕組みである。

こうして子どもたちは、やがて、私立中学校に進学するか、地方の進学校に進学することになるのである。

くり返しになるが、高校段階では、学力格差は学校間格差として誰にも公然と認知されている。OECDのPISA調査（四一国地域参加、二〇〇三年）では、日本の学校間格差は、群を抜いて高く、参加国（地域）中、何とトップである。学力世界一とされるフィンランドでは、「学校間分散」はわずかであり、経済・文化格差と得点の各学校平均の関連度も低い。いかにわが国の高校は格差が大きいのかがわかる。

経済力がなくても、意欲さえあれば、学ぶことができ、文化・芸術にも無料で手厚く接することが可能な教育文化環境の整備こそ政治の責任であろう。それが、国や地方を活性化させ、どの子にも希望をもたらす政治の基本政策である。

にもかかわらず、全国の多くの自治体では、「進学対策費」と称した支援金が数百万円単位で、もともと経済力のある家庭から集まった進学校に対して支給されている。こうした進学校の子どもたちは、いわば県を代表してブランド大学への進学実績競争の戦士として、特別の補習や講習まで受けて公的・地域的に期待を集めるのである。

それにしても、地方に至るまで差別的なエリート尊重施策が拡大しすぎているのではないか。いわゆるブランド大学に進学すれば、進路の幅も自動的に広がり、将来的に経済的安定感も増す。自己実現もしやすいだろう。つまり、富める家庭の子どもは、学力だけでなく、キャリアデザイン力においても格差のある選択肢に恵まれるのである。これは、上昇へのらせん階段を思いのまま上れるようなものである。

固定化される習熟度別授業

しかし、経済的に困難な家庭に生まれれば、通塾していないために学力に遅れが生じ、小学校の低・中学年段階から、習熟度別授業においては「ゆっくり」コースに入らざるをえない。現に全国どこの学級でも「ゆっくりコース」にいる子どもに塾通いの子などはほとんどいないようである。そうすると、そこでやっとわかるように、できるようになっても、その時点でスピードコースの子たちは、もっと前へ進んでおり待ってはくれないのである。つまずきを解消するために「ゆっくり」の習熟度別授業を臨機応変に組み込み、全員を同じようにレベルアップしていくのなら、「ゆっくり」の子も次には「スピード」コースに入ることも可能であろう。しかし、今の方法では、必然的に、「ゆっくり」の子は、いつまでたっても「ゆっくり」コースに固定されるのである。なぜなら、親の学校体験では考えられないことかもしれないが、現在では「学力差も個性」と見なされているからである。

したがって〇二年度四月から実施されている現行の学習指導要領では、どの子にも一定基準の学力を保障するという考えには立っていないのである。学習指導要領は、これまでとは正反対にミニマムスタンダードにすぎず、できない子をどうするか、平均の子をいかにできるようにするかというよりも、できる子だけを早く選り分け、どこまでも伸ばしていこうとするシステムになっているのである。これは、戦後教育史の歴史的な転換と呼べるものなのだが、メディアにもあまり注目を浴びていない。

経済的に困難な家庭の子は、地元の公立中学校に進むことが多い。しかし、そこで落ちこぼれると、高校はまるでスライスハムのように学力格差によって分別されている世界に送り込まれることになるのである。

個性の尊重・多様化どころか、学力により分別され、高校に住まわされているにすぎないという「個性化」路線なのである。こうして、限りなく薄くて広く、しかも原則的には保健体育以外はすべて選択科目になった今日では、きわめて生徒好みのカリキュラム編成が行なわれ、国民としての、二一世紀を生きるにふさわしい基礎教養さえ身につかない高校生が量産される構造になっているのである。

つまり、経済力の低い家庭の子どもは努力をしても、まるで、らせん階段を限りなく降下し続けるように下層に位置せざるをえず、こうして行き着く先が、フリーターであったり、ニートなのである。あるいは企業に都合よく使われる、体《てい》の良い派遣社員という不安定な身分の非正規雇用労働者にならざるをえない状況なのである。

これでは、いかに物質的に物があふれていても、生きることや働くことへの夢と希望を育てることは困難ではないだろうか。輝くはずの若者の可能性が、経済力によって閉ざされるようなことは、広い視野から見れば社会全体としては大きな損失であろう。

混迷深める給食費未納問題

山梨県のI中学校で、〇六年三月上旬に次のような「お知らせ」を流し、話題をさらった。「平成十八年度の給食について（お知らせ）」とあり、「給食申込書」を配布したのである。この「お知らせ」なるものには、

①「給食申込書」に必要事項を記入し、四月十八日までに提出すること

②提出がない場合は、「五月以降の給食は受けないと判断」し、「給食を停止いたしますので、五月からは弁当をご持参下さい」

と記されている。

この「申込書」は、「何の連絡もせずに二カ月にわたり給食費を滞納した場合には、翌月から弁当を持参させますので、給食を停止して下さい」と書かれており、署名、捺印の上提出を迫る

ものであった。おまけに「学校より支払いの督促があった場合は、保護者に代わり給食費を支払うことを確約します」と、保証人まで付けて申込みをさせている。

この中学校では、〇六年三月時点で三二・三%の生徒が給食費が未納という。当該中学校では、就学援助金受給率が市内五つの中学校の受給者の四二・七%と半数近くも占めており、経済的困難も大きい地域であることをうかがわせる。この地域は、観光事業を中心に成り立っているのだが、観光不況のあおりで、そこで働く保護者たちの収入も激減しているものと思われる。給食費を払わないのではなく、「払えない」家庭が多いのではないか。

それにしても、クラスの大半の子がおいしそうに給食を食べているというのに、何人かが給食費を払えないために弁当を食べている光景など想像できるだろうか。たとえ、車やケータイを持っているのに支払わない家庭があったとしても、子どもに直接被害が及ぶ形での行政的指導は、極力避けるべきではないだろうか。また、車やケータイは決して、ぜいたく品などではなく、今や生活必需品であり、給食費と比べる対象ではないだろう。

三　格差と競争と多様化・複雑化

進学も金次第?

今日の日本は、「進学も格差社会」になってきたようだ。家庭の所得によって、子どもの進学への期待や習い事にかける経費に、はっきりと落差が見られるようになってきたからである。「こども未来財団」（〇五年秋、二〇〜四四歳既婚者へのインターネット調査、回答二三五九人）によると、「大学以上に進学してほしい」と望む割合では、年収二〇〇万円未満では三〇%なのに対して、一千万円以上では八九%と大きな開きがあった。これは、習い事の割合や月謝の金額についても同一傾向を示し、第一子が習い事をする割合は、年収一千万円以上では七九%、月額約二万七千円支出している。これに対して、四〇〇万〜六〇〇万円未満では、五二%、一万二〇〇〇円。二〇〇万〜四〇〇万円未満では、三八%、九六〇〇円となっている。

ここから、子どもの教育費は、自然現象として費やされているものではなくて、今日では、親の経済力を背景に積極的・意欲的に「かけるもの」に変質していることがわかる。つまり、図II-3から明らかなように、高額所得者ほどお金をかけ

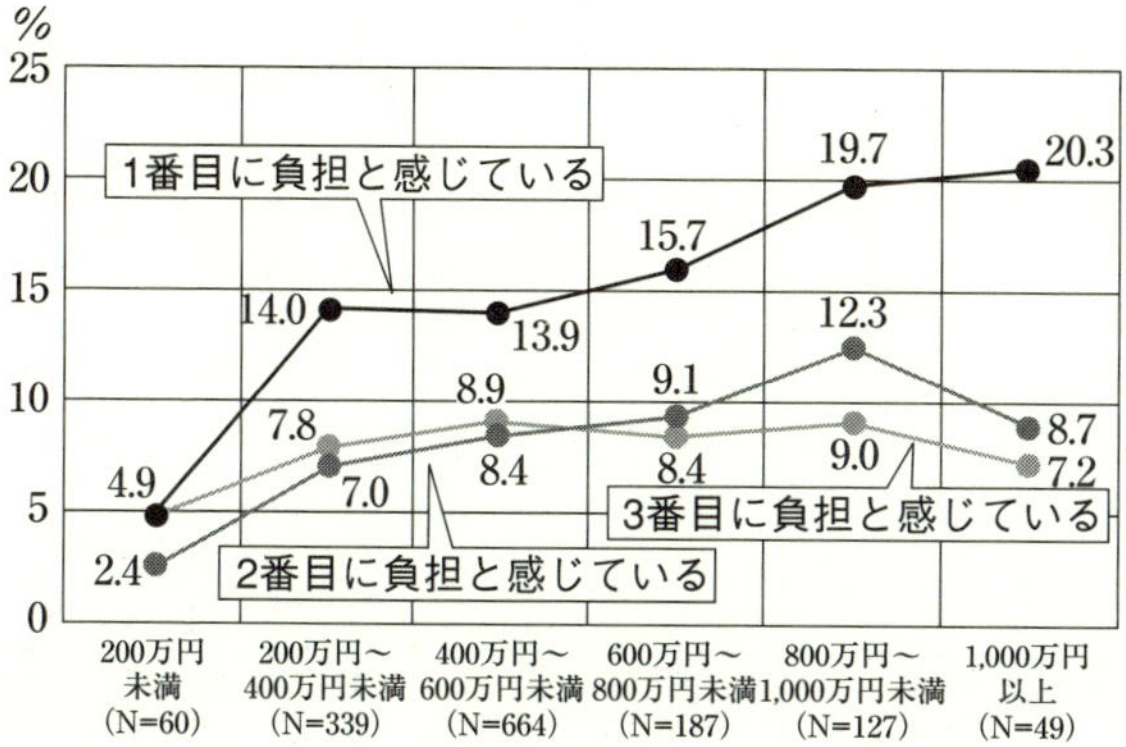

こども未来財団「子育て家庭の経済状況に関する調査研究」平成17年度

図II-3　所得と負担感

ているということは、実は余裕があるからではなく、いかに「高負担感」を持っているかということである。ここでも、親の経済力ばかりではなく、情報収集、分別能力が問われているのである。すなわち、教育の公共性が失われ、私的財産化、商品化しているのである。

じつは、都心部では私立熱は小学校にまで波及してきている。東京都区部で、私立・国立小学校への進学率が二四%にものぼる区が登場してきたことに象徴される。例えば、渋谷区などでは、〇六年の春、区内の小学一年生一一〇〇人のうち、二六六人、つまり二四%が私立・国立へ抜けている。区内に二〇の小学校のうち三校では、一学年二〇人前後の「過疎校」に変化。同じ都内でも、東部の六区には、国立・私立の小学校が一校もなく、進学率は一%前後となっている。都内全体の平均は五・三%だが、地域間の落差は大きいことがわかる。学校選択が金銭的負担感を伴って親たちに大きな圧力となっているのである。

現実はさらに厳しい。

総務省の〇五年の家計調査によると、一般家庭の年間の実収入は平均で五六八万円である。一方、私立中学の授業料などの教育費は年間約九六万円である。これに学習塾費や家庭教師代を加算すると、一七〇～一八〇万円にも上る。これでは、平均的な家庭でも私立中学にわが子を一人通わせるのは至難のわざである。二人となれば、無理である。文科省の「子どもの学習費調査」(〇五年)でも、中・高六年間の子どもの教育費は、公立が二九六万円に対して、私学は六九二万円と二・三倍にもなっている。これが、幼稚園と中・高・大が私学の場合とでは、学校に支払う教育費だけでも二一〇〇万円は下らないと言われている。生涯賃金が二億円としても、子ども二人を私立に通わせることはかなわないことになる。それならば私学を選択しなければよいのではないかと考えられるが、教育政策は実に巧妙に立てられているのである。東京の高校の場合、「公私協議会」でそれぞれ中学卒業生を受け入れるパーセンテージが決められているのである。たとえば、私立五五％に対して都立四五％という具合にである。他の多くの県でもこのように決定されており、希望者全員が公立に進学できないシステムなのである。

エリートコースとしての私学ではなく、公立不足から私学に進学せざるをえないケースも、とくに他方では珍しくない。これが常識となっているとすれば、経済力がないと、高校教育さえ受けられないことになりかねない。そういう側面も忘れてはなるまい。やむなく高学費を支払って私学を〝選ばざるをえない子ども〟たちも存在するのである。ここでは、エリートではなく、低学力のケースが多いことは大きな矛盾である。

子どもたちの夢や希望にまで親の経済力による格差が生まれる。このことは、筆者が作成し

表Ⅱ−2　私立中進学率と学力・所得順位

順位＼項目	上位10区	%	学力順位	所得順位
1	中　央	40.7	5	6
2	千代田	38.8	2	2
3	文　京	38.7	1	4
4	港	33.5	7	1
5	目　黒	30.5	3	5
6	世田谷	29.1	8	7
7	杉　並	28.3	4	9
8	台　東	28.2	16	15
9	渋　谷	27.6	6	3
10	新　宿	27.4	11	8

進学率と学力順位は05年度、所得は03年度の数値を基に尾木が作成。

た表Ⅱ–2を見ても判断できる。私立への進学を奨励するわけではないが、お金のかかる私立中学への進学率が高い地域では、小学校における学力も高いのだ。経済力は子どもの責任ではないだけに、生まれ次第で生涯が決定するような社会は子どもたちが夢を持てず、健全とは言えない。

公立の巻き返し作戦（?）は今

では、このような状況下で公立の学校はどうしているのだろうか。うっかりすれば、通知表で「五」と「四」の上位評価の生徒がほとんど入学してこない中学校さえ出現しかねないほど、学力格差の「しわ寄せ」を受けている。これでは、学力面だけでなく、生活や感性・人格形成面でも多様な子どもたちが不在状況であり、すべての子どもが影響し合うバランスのとれたダイナミックな成長を促す実践は困難である。

巻き返し作戦の一つは、公立小中学校の〝塾化〟現象である。

塾の講師を招き授業に導入することによって、子どもたちの学力アップをはかり、人気を挽回しようというねらいのようである。

今、公立小・中でも塾講師が直接授業を担当するなど、学校の授業の〝外注〟化が全国的な広がりを見せている。

朝日新聞（〇六年一月一一日付）によると、公立の小中高で、授業や補習、進路指導などを予備校や進学塾に任せる「外注化」と「丸投げ」が急速に広がっているという。

例えば、港区の公立中学校では、昨年の六月から「土曜日特別講座」を開催。なんと、進学塾の「早稲田アカデミー」との提携事業だという。中学校の「教室」を使用して、テキストは「塾」のものを使用する。来年度には区内の全中学に拡大する予定という。参加者は全体の二割を超える。

また、江東区ではある公立小学校で、高学年の算数の正規授業を塾の講師が受け持っている。三分割の習熟度別授業のうち一クラスをまかされているのだ。塾講師の授業は年間時間数の半分近くを占めているというのだから驚く。

では、公立学校への塾の進出という、かつては想像すらできなかった事態に陥った背景や原因は何なのか。これは、教師の授業力量が落ちたからではあるまい。学力低下批判に動揺し「得点アップ指導力」において、公立の小中高よりもすぐれている塾に依存した結果である。

しかし、これで本当に学力が向上するのだろうか、また例え学力がアップしたとしても問題はないのだろうか。港区は〇五年度に二二〇〇万円もの予算を組んだだけに、説明責任が問われるところである。

この際問われているのは、計算力や漢字力がつけば、学力向上と言えるのかということである。今、子どもたちの学力問題の中で、何が一番のポイントなのか、明確にすべきだろう。そうしないと、例え点数が上がり、テストが多少できるようになっても、学びの本質的な意味では、

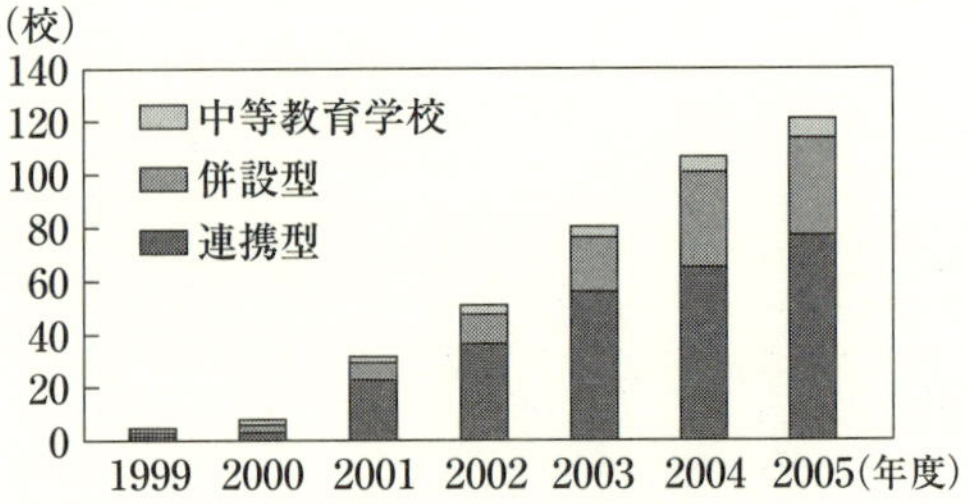

図Ⅱ-4　公立中高一貫校の設置数

残念ながら少しも「わかる」力がつかないし、伸びてもいかないという、逆効果や悲劇も懸念されるからである。

一旦踏みとどまって、〝学校における子どもの発達とは何か〟〝学校はどんな道筋で学力の向上を目指すのか〟といった原理・原則に立脚すべきではないか。とくに小中における学力とは、学校や先生、友達が大好きだというヒドゥンカリキュラム（隠れた教育）の力によるところが絶大であり、そこがふくらめば、結果的に、子どもたちの生きる力も友達や先生を信じる力も太くなるはずである。自然に意欲的になり、学習の意味や生活の目的も明らかになって、得点力もアップする。それが、「学校力」なのである。数量的学力の向上ばかり目指す「塾力」とは異なる点を忘れてはなるまい。

公立中・高一貫校の開設ラッシュ

公立の巻き返し作戦の二つ目は、公立中高一貫校の開設攻勢である（図Ⅱ-4参照）。文科省調べ（〇五年四月段階）では、全国で公立一二〇校、私立五〇校、国立三校。合計一七三校に達している。首都圏では一〇年までに一七校もが開校予定である。

〇六年の春には、東京では公立の中・高一貫校が一気に五校も増加。全都の受験率は前年比五ポイントも伸び、二八％に到達した。五万三〇〇〇人が公立の中学受験に挑んだことになる。つまり、約四人に一人が中学受験に参加する一方で、同じく四人に一人が就学援助金を受給しているという〝二極化〟が教育行政の教育政策によって、意識的に拡大したことになる。

公立の中・高一貫は、都立のみにとどまらない。ついに「区立中・高一貫」（千代田区）が〇六年四月にオープン。千代田区では、多くの小学生が私立に逃げ、区立小から区市立中への進学率が五割を切っているために、何とか公立を復権させようというねらいのようだ。

この日本初の「千代田区立九段中等教育学校」のコンセプトは何だろうか。一つ目は、「英検二級取得」など、学力向上の目標を明確に打ち出していることである。二つ目には、土曜日に予備校の講師を招くことである。三つ目は、中学三年間に当たる「前期」には、毎日六時間授業を組み込み、一般の公立中学校より年間七〇時間の授業増を実現させる。後期の高校に相当する三年間も、土曜日には隔週で授業を実施する予定である。こうして「進学実績」を上げるのだというのである。ここには、数値操作しか見られない。どのような人格を有した中学生を育てたいのか、豊かなイメージが湧いてこないのは残念である。

四　学校選択制度が格差を拡大

都市部に急拡大！　学校選択制度

今、注目を浴びている学校選択制、つまり通学区の自由化制度とは何か。その概況を検討してみよう。

「学区の自由化」は、二〇〇〇年度に品川区が全国に先がけて、四〇の小学校を四つのブロックに分け、その中から保護者が自由に選択できる方式をスタートさせたのが始まりである。翌年には、中学校にも拡大させ、区内全域から学校を選択できるようにしたものである。

二〇〇一年度には、品川区に豊島区が続いた。同区の場合は小・中同時に、本来の通学指定校と隣接校から選ぶ方式を採った。二〇〇二年度には、足立、荒川、江東、杉並、墨田の五区に拡大。合計七区に増えた。

二〇〇三年度は、これらに千代田、港、文京、台東、目黒、江戸川、葛飾の七区が新たに参入。前年度の二倍である。中学校は計一四の区に広がり、小学校は八つの区である。その後、中央、新宿、渋谷、板橋、練馬や都下（三多摩）では、〇一年度に先行した日野市に続き、多摩市、西東京市、立川市。あきる野市は隣接校への通学を認め、八王子市は〇四年度から中学校は完全選択、小学校は隣接方式をとって拡大している。こうして東京では、区部から市部に急速に拡大し、一種のブームと化している。

朝日新聞（〇六年七月三〇日付）の調査によれば、各市区町内の人気の開きは、最上位と最下位が、板橋区で二五倍、町田市は一・三倍と大きいことがわかった。統廃合計画などのために子どもが他の学校に逃げたためのようだ。各区ともに突出した人気、不人気校があり、品川区のように入学者ゼロの中学校まで出現した。逆に人気校については、教育委員会のコメントは以下の通りとなっている。「地域で歴史のある学校」「学区が入り組み、隣接区の方が近い子が多い」「区の中心部にあり交通の便がよい」。これらは、学校の努力とか特色づくりとは無縁であることを物語っており、注目すべきではないだろうか。

また、東京の場合、一つには人口が密集し、同一の行政区域内であれば、小・中学校もほとんど通学が可能であるという地理的な条件と交通の便の良さがこの制度を強く後押ししているようだ。もう一つの理由は、東京には私立の小・中・高校の数が多く、公立もそれらとの「競争」を強いられており、ある意味では、私立に「勝てる」公立の小・中学校を作りたい、将来的には、小・中一貫、あるいは、中・高一貫校により、大学進学競争において、都立の復権をはかりたいという東京固有の「私高公低」の特殊事情が影響した問題が背後に控えているようである。

しかし、もしこのような目的のための学校選択制であれば、現行制度では、保護者、住民、児童・生徒の参画をまったく考慮しておらず、学校づくりにおける民主主義的な歴史の創造という流れに逆行しており、早晩必ず深刻な矛盾に直面することは目に見えている。

人権と住民自治の視点から捉えることが必要

マスメディアの論調をみると、学校選択制を支持しているかのように見受けられる。「通学可能な範囲で、子供や親が学校を選べる制度である。日本の公教育に適正な競争と特色ある学校づくりを促す効果が期待される」「それぞれの学校がどんな特色を出せば子供が来るようになるか、切磋琢磨するようになる」「廃校に追い込まれる学校があっても、それはやむを得ない」（「産経新聞」二〇〇二年一二月一六日付）というのが最も先鋭的だろう。

次の段階の論調としては、「果敢な実験として今後を見守りたい」「この実験は――（中略）――あえてやってみる価値がある」（「読売新聞」一九九九年一〇月一一日付）と期待を寄せる。

むろん、疑問を呈す新聞やテレビの報道も存在しないわけではない。しかし、程度の差こそあれ、どのメディアも〝競争と特色化〟で学校の何かが変わると信じ期待しているようだ。

原理的に言えば、通学先を「学区」で縛ること自体に、不快感を感じる人が多いのではないか。なぜ、行政によって一方的に通学先を指示、命令されなければならないのか。その中央集権的・権力的、一方的なやり方に、これまでどれほど多くの親子が泣かされてきたことか。

例えば、近くに通学に安全な小学校があるにもかかわらず、学区外という理由だけでわざわざ危険な道路を横断したり、陸橋を何本も渡って通学しなければならなかった子供は珍しくない。また、小学六年時のいじめっ子と同じ中学校に進まざるを得なかったために、不登校に陥った子もいる。このような憲法に反する可能性が高い硬直化した学区制に比べれば、学校選択制は、比較にならぬほど人権や主権者としての住民自治尊重の精神があふれているように見えるのだろう。

ところが、学校選択制をこのような人権と住民自治尊重の視点からとらえる見解はほとんど見当たらない。あくまでも〝競争と特色化〟によって、各学校を「活発化」させようとするだけなのである。

親たちは何を基準に学校を選択しているのか

ここまで、学校選択制に関する現状を概観してきたが、この制度への親たちの支持はかなり高い。背景には、先述の通りこれまでの画一的な教育行政に対する反発があるからかもしれない。例えば、西東京市では、二〇〇一年末のアンケート調査（小・中・高生の保護者六、五〇〇人、回収率四六％）結果では、「学校選択制の導入」について「賛成」「どちらかといえば賛成」が約七割にも達していた。

当市ではこれまでの「学区外」の希望者は、小学校一〇一人、中学校で五四人、予定の受け入れ枠内に全員収まり、全員の「希望」がかなえられたようだ。一九の小学校、九つの中学校のうち、最も希望者が多かったのは、小学校では二九人。中学校では、二五人であった。

ところで、親子がそれらの学校を選んだ理由だが、小学校では、「学校の近さや通学のしやすさ」が最多となっている。これに、「子どもの友人関係」「本人の希望」と続く。きわめて常識的で妥当な理由である。中学校の方は、「本人の希望」が一番多く、「子どもの友人関係」が二番目。これらの理由も納得できる。

二〇〇二年度から実施した杉並区のアンケート（「学校希望制度」による小・中学校の新一年生の保護者七九二人対象、回収五一一人）では、学校選択の基準は、

（1）自宅からの距離・通学の安全――一五・四％

（2）子どもや親の友人関係――一二・八％

（3）学校見学での印象――八・四％

と続く。通学時間は二〇分以内が八割を超え、やはり、他の地域と同傾向である。とくに（1）（2）に関しては、〝日常生活レベル〟の利便性が選択基準として重視されていることがわかる。

ところで、交通の安全や便利さ、友人関係以外に、学校の教育内容やその特色が学校教育の基準に挙げられた特徴的な例は、荒川区立中学校における学校選択制であった。

二〇〇二年一月に発表した学校選択の理由に関するアンケート調査（通学区域外希望者の保護者一、二七八人中一、〇四七人八一・九％の回収率）では、

（1）学校の特色に魅力を感じた――四四・四％

（2）友人が希望した学校に通学したいため――四三・五％

（3）通学距離を考えて――三三・三％

となっていた。よほど各学校が学校の〝特色化〟を前面に出したアピールに重点を置いたからで

はないか。とは言え、あまりにも当たり前の（2）や（3）が他地区同様に多い。

では、学校選択制の元祖とも呼べる品川区の場合、親子の選択基準は何だったのか。二〇〇一年度のアンケート調査の結果を参考に検討してみる。

次の通り、これまでの他地域とほとんど同じ傾向であることがわかる。

小学校一年の保護者の場合では、
（1）通学のしやすさ――七七・八％
（2）兄姉が通学している――三八・〇％
（3）地元とのつながり――二九・〇％
がベスト「3」である。

同じく中一の保護者はどうか。
（1）通学のしやすさ――七一・四％
（2）本人の希望――五三・五％
（3）子どもの友人関係――四九・八％
これらもきわめて常識的判断基準といえる。

では、本人たち自身の選択に際しての基準は何だったのだろうか。
（1）通学のしやすさ――六五・一％
（2）友人関係――五八・七％

（3）部活動の状況――二三・〇％

どれも、身近でもっともな理由ばかり。ここまで見る限りでは、特色化を選択制のコンセプトにすえようとした地方行政の意図は、ほとんど実現できていないようである。

ところが、問題点はこの数年間で「変化に乏しかった」はずの選択制に特筆すべき変化が生じていることである。それは、地元回避層の選択基準が、学力格差、生活指導力格差、経済・文化格差（保護者）を固定化し拡大する力として作用し始めたことである。つまり「学力」や「学校の荒れ」、「小規模校回避」の要素が公けになると、うわさは口こみで一気に広がり「入学者ゼロ→廃校」の結末にまで追い込まれるという現実が生じ始めたのである。多数の生徒や保護者がまっとうな理由から「地元」を選んだとしても、「小学校の英語教育」や「中学校での英語を使った数学の授業」など、「選ばれる学校側」が窮余の一策を打ち出すと、周囲の学校も驚くほどヒットするという現象が広がり始めたのである。一旦そうなると相対的に「学力・進学力」の基準が脹らみ、経済力や、教育情報力にまさる親たちの間ではそれらに振り回わされるなだれ現象を引き起こすのである。それが、残念なことに学力だけでなく、生活力や社会性まで含めた児童・生徒の総合的な力量差となって表われ、それがまた悪循環しながら選択が流動化していくのである。こうして格差が拡大運動をはじめかねないのである。

学校選択制の問題点と課題

《六つの課題と問題点》

「学校選択制」には、先の実態アンケートが示唆しているように、六つの問題点と課題が提示されている。

その第一は、選択した学校が見当違いであったとしても、「選んだあなたが悪い」と自己責任で片付けられてしまうということだ。反対に「選択」しなかった者についても同様の自己責任が問われる。選択しなかった当人の問題に還元されてしまうことだ。これでは、子どもと保護者は出店前の消費者の姿と同じ。子どもと親は単なる受身の〝選び手〟にすぎなくなる。ここからは、教師や地域と共に力を合わせて学校を〝共創〟しようとする主体的な創り手は育ちようがない。

第二は、これまで見てきたように、多くの親や子どもたちは通学の安全性や便のよさ、あるいは、友人関係、兄弟姉妹関係で通学先を決めているにすぎない。それらと比べると、行政が力説する学校の教育内容などの〝特色〟はそれほど重視されていない。これなら、何も「選択制」でなく、学区制度の柔軟な対応策でも十分に対処できることになる。

第三に、保護者や子どもの選択いかんによって、学校の存続までもがおびやかされるという点だ。これでは校長や教頭をはじめ教員は、〝消費者〟である保護者や子どもに〝営業活動〟をしなくてはならなくなる。

地道な教育実践さえしていれば必ずしも、子どもが集まるわけではないからだ。むしろ、それ以外の「うわさ」や「口コミ」などの影響力が大きいと思われる。

前出の杉並区のアンケート調査（小・中学校の新一年生の保護者対象）でも、学校に関する情報収集の方法について、第一位は「友人・知人からの情報」となっている。

人口密度が高いにもかかわらず、親たちと学校の信頼関係が弱い学校や地域ほど、この〝風評被害〟を受けやすいといえる。これでは、校長・教頭をはじめ、教師たちが安心して地道な教育活動に専念することもできない。現に、品川区では、校長・教頭が営業活動に必死だという。

第四は、子どもたちへのよくない影響が予想されることだ。教師と校長（教頭）は競争を強いられてあくせくし、当然、これらの焦り、あるいは意気込み（？）はストレートに子どもたちに投影される。子どもたちが数値目標に向けて競わされるだけでは済まない。よい規律を求め、よい校風を「見せる」ために、いかにも道徳的にふるまうことも求められる。たとえそれが直接的・表面的に要求されなかったとしても、心理的なプレッシャーがかかるなど、子どもたちへのさまざまな影響が予想される。最大の被害者は、子どもたちに他ならない。

第五には、序列化と格差の顕在化、拡大化、固定化につながりかねないということ。

品川における中学校の選択制では、二〇〇二年四月の新一年生の二一％が本来の学区外の中学校を選択した。最多の中学校では八七人、最少の学校ではゼロ。ところが、このゼロ校は、本来四六人入学する予定が、フタを開けてみると、たったの九人だけであったのだ。もともと生徒数の減少が続いていたり（二・三年生は五〇人）、一時期、生徒指導上困難があったりして、校内が落ち着かなかったことなどが影響したようだ。

しかし、これは大変な問題である。こんなに少人数では部活や体育、行事が思うにまかせない。もちろん当該校の校長や教職員、ＰＴＡは人気回復に向けて全力で頑張ることだろう。次の年には入学者数はずいぶん回復した。しかし、〇六年度の入学者は、ついにゼロに転落したのである。

人気校の傾向は、何だろうか。それは、杉並区の例でも明らかな通り、小・中学校ともに、もともと区内一の生徒数の大規模校だ。つまり、親の意識の中に、人数が多いと安心するという不思議な心理が働いていることがわかる。これでは、もともと少人数の学校は、常に廃校の危機に立たされ、スタート地点からきわめて不公平な〝競争〟を強いられているといえる。それも最初から、かたやボロ校舎、かたやデラックス校舎などと、大きなハンディのある競争だから少しもフェアではない。入学者がゼロになれば、学校の特色化にこだわる品川区さえ、「住民の〝いらない〟意思」とみて廃校も否定しないと述べている程である。これでは、やはり統廃合するための体のよい制度と批判されても仕方あるまい。これまで学校の存在は地域の歴史や文化の形成にとってセンター的な役割を果たしており、街づくりの中心的役割を担ってきた。そういう広い地域づくりの視点に欠けた〝学校中心主義〟に陥った尊大な施策と批判せざるをえない。

第六は、保護者を学校の外から商品を選ぶ消費者のようにしか見ていない点だ。先に述べたよである。

表Ⅱ-3　学区拡大の実態（05年度）

都道府県	高校学区	都道府県	高校学区
北海道	26学区　学区外枠5〜20%	奈良	2学区 実質全県1学区
青森	2005年より学区撤廃	和歌山	2003年より学区撤廃
秋田	2005年より学区撤廃	大阪	2007年より4学区に
岩手	8学区　学区内枠10%	滋賀	6学区 2006年より学区撤廃
山形	3学区　学区外枠なし	京都	8学区
宮城	5学区　学区外枠3%	兵庫	16学区
福島	8学区　隣接学区枠3%	鳥取	3学区
群馬	8学区　隣接学区枠 5〜25% 2007年度より学区推薦（予定）	岡山	6学区 学区外枠5%
栃木	7学区　学区外枠25%	島根	2学区 ただし松江市内は小学区制
茨城	5学区　隣接学区枠30% 2006年より学区撤廃	広島	6学区 学区外枠30% 2006年より学区撤廃
埼玉	2004年より学区撤廃	山口	7学区 学区外枠5%
東京	2003年より学区撤廃	香川	2学区 2007年より学区撤廃（予定）
千葉	9学区　隣接学区枠制限なし	徳島	3学区 学区外枠8%
神奈川	2005年より学区撤廃	愛媛	3学区 学区外枠5%
山梨	12学区　2007年より学区撤廃	高知	4学区
静岡	10学区　隣接学区枠制限なし	福岡	15学区
長野	4学区　隣接学区枠制限なし	佐賀	4学区 隣接学区枠20%
新潟	8学区　隣接学区枠15〜25%	長崎	7学区　隣接学区枠7%
富山	4学区　隣接学区枠制限なし	大分	12学区 2006・07年6学区 2008年より学区撤廃（予定）
石川	2005年より学区撤廃	熊本	6学区
福井	2004年より学区撤廃	宮崎	10学区
岐阜	6学区	鹿児島	12学区
愛知	2学区	沖縄	7学区 学区外枠10%
三重	3学区　隣接学区枠制限なし		

うに、学校は教育機関であると同時に、地域の生活的・文化的拠点の役割を担っている。つまり、保護者や地域の人々が学校づくりに主体的に参画し、地域をつくっていくといった、二一世紀に求められる方向を全く向いていないこと

高校版の〝学区拡大〟

ところで、小・中の学校選択制とはだいぶ意味あいが異なるのだが、同じように〝選択の自由〟に重きや価値を置いた制度として気になるのが、高校入試における最近の学区の拡大路線だ。小・中の学校選択制を高校に適応するとどうなるのか。おそらくは受験のための学区の拡大や全県一学区制とつながるのではないか。

いま、全国で続々と学区の拡大が進行中である（別表Ⅱ－3参照）。

東京では「多様な個性や能力を持つ生徒が、自分に合った進路を的確に選択できるように」としている。神奈川や千葉でも独自のスタイルが続く予定だから、高校の通学区拡大見直しブームは当分の間続きそうだ。しかし、この高校入試における学区拡大路線にも、他校より抜きん出る競争に主眼がおかれ、小・中の選択制に通じる生徒や保護者、地域との〝共創〟ではなくて、生徒はそのサービスの単なる受け手におかれてしまうという大きな落とし穴があるように思えてならない。

どの学校も楽しいことが目標

学校選択制になって、学校を開放する機会も多くなったようだが、学校を開くこと自体は選択制の有無にかかわらず当然のことだろう。今、選択制を採用する地域が力を入れていることは、本来すべての学校がこれまで実践してこなくてはならなかった内容ばかりである。例えば教育目標を地域に公開したり、その結果を評価してもらったり、父母や地域の授業参観・学校見学に力を注ぐこと、地域の方を授業の特別講師として招くことなどは当然であろう。

しかし、各地の「学校選択制」には先にも見たように共通の大きな特色がある。それは、例えば二〇〇二年度から導入された江東区に見られるように、教師や区民に知らされたのが一年前、それもいきなり新聞報道を通してといったように上意下達での公開性がきわめて低い点である。検討委員会が設置されても、それは学校選択性の導入を前提としたものでしかない。現場の校長や教職員はもちろん、子ども、保護者、地域住民の声などほとんど反映されていないのである。

例えば、東京都品川区でも、選択制の導入に当たっては、教委や校長会の意見は聞いても現場教師、保護者、子どもの声は聞いていない。

つまり、新たな大構想づくりに子ども、保護者がその主役として参加できていない例が圧倒的に多いのである。これでは、誰のための教育改革であり学校づくりなのか不明である。うがった見方をすれば、教育の論理よりも〝自由〟〝選択〟〝特色化〟〝自己責任〟という美しい言葉を身にまとった、「政治」の糸であやつられているだけで、本来的な教育の条理や概念などなきに等しいのではないのかと疑いたくなる。それほど安易な発想に思えてならないのである。

学校は保護者という名の消費者に一方的に選ばれる商品ではない。学力テストの点数や順位という何種類かの値段をつけて陳列ケースに並べその中から好きな学校を選ぶことに重点が置かれた市場主義原理は似つかわしくない。学校は地域住民にとってもっと意味があり、生き生きとした文化共同センターであり、とくに地方であればあるほど「生活共同センター」的役割や歴史もになっているのである。

それをたかだか、新入生が多いの少ないのという数値のみに引きずられて、学校の教師にだけ努力と責任を押しつけて、廃校になったら「住民の意思」などと一方的に解釈。これまた結果責任を地域住民におしつけるというのはいかがなものか。

地域の文化にかかわる問題を学校という狭い教育の領域だけで、それも子どもや保護者が学校づくりに参画しないで方向づけようとするのは、二一世紀にふさわしくない。あってはならない手法である。

例えば、千葉県習志野市立秋津小学校のように、総合的学習の時間に栽培した野菜の苗木を校長室の前の廊下に置いて、一鉢五〇円で販売。その収益金で地域の秋まつりにはカレーライスを出品。二重に稼いだお金でアジアの国が小学校を建築する資金にカンパする取り組みや、学校を拠点に活動する校区内の「木工クラブ」のお父さんたちが空き教室に棚を設け、階段上のフロアにカーペットをはり、ミニ舞台まで作成してくれる。その手作り舞台では、小学低学年に向けて、今度は、毎週、「読み聞かせクラブ」のお母さんが交代で絵本の読み聞かせをやってくれる。五年生の家庭科の授業になると、「手芸クラブ」のお母さんの出番。ぞうきんぬいの実習には各班に一人アドバイザーとしてはりついてくれる。もちろん、先生より上手なお母さんもいたりする。「陶芸クラブ」は窯で長時間かけて本格的に焼き上げる。これもお父さんお母さんがしっかりサポートしてくれるので感動の作品も多いという。あまりにも学校が楽しくて、数年間不登校はゼロだというからすごい。

一方、新潟県聖籠町の聖籠中学校もユニークだ。町の人たちの自治会室が校舎の一階にある。休み時間には、子どもの姿も見て、ますますヤル気が持てると思うようだ。

両者とも、学校中に地域の人々の姿がうごめき、学校に街がある感覚である。ここでも、相対的に比較すると成果がないかのように考えたとしたら問題だ。私たち大人は、すぐれた人材の育成に集中してもよいのである。

どの学校も、校長の人柄がすばらしく、各々の先生たちが温かく優しければ、もうそれだけでヒドゥンカリキュラム（隠れた教育課程）が力を発揮して、子どもたちは、勉強にも興味を抱き、学校大好き、友達大好きに変身することだろう。

地域の市民が参画したチャーター・スクールやコミュニティースクール構想も存在するが、ぜひ実現してほしいものである。同時に教育委員の公募、校長の公募（民間人に限定せず現職からも）制など、トップと行政の民主化と公開性の強化こそが、今日本の教育改革にとっては緊急に求められている課題ではないのか。

トップが民主化された上で、「子どもと現場教師と保護者・地域住民が参画する学校創り」が模索されれば、今流行しているような各学校を市場原理に基づいて競争させ、「特色化」させてその中から親子に選択させ、生き残りや繁栄を競うのではなく、どの学校もが地域と子どもに根ざした独自の学校づくりを、結果の数字には関係なく、全員参加でより質の高い〝学校創り〟の質を競えるのではないか。その結果として、将来的には窮屈な学区などに縛られる必要などなくなることだろう。そのような学区制の廃止プロセスこそ理想ではないか。

学区からの機械的な自然発生的開放と同時に、親や地域の〝学校創りへの参画〟が保障されなければ、全国各地にバラバラに解体された教育風土ができ上る心配がある。官も民も共同、〝共創〟して、それぞれの地域の学校を、どこにも負けない素敵な学校を創るというスケールの大きな発想に立ちたいものである。

五　迷路をさまよう義務教育

1　「教育の構造改革」アピールを考える

浮きぼりになった格差拡大のエリート教育

遠山文相（当時）は、二〇〇三年五月に「教育の構造改革」なる教育関係者あてのアピールを発表した。二〇〇二年一月の「学びのすすめ」に次ぐ第二弾である。

これだけたて続けに、施策の原理・原則にもかかわる領域において、それも最も身近な身内である学校関係者にダイレクトにアピールを出さざるをえないこと自体尋常ではない。

アピール「教育の構造改革」の意図するところは、「改革の全体像を現場にわかってもらえていないのではないかという反省が出すきっかけとなった」と言う。つまり最近の「教育改革」が現場にはわかりにくくなっていた証拠でもある。換言すれば、それだけ既定の方針からズレたり、教育の論理と矛盾する施策が多くなったりしていて、現場が戸惑ったりついていけなくなったりしていることを物語っている。

その証拠に二〇〇六年の七月～八月にかけて、東京大学の基礎学力研究開発センターが全国一万の小中学校長に実施したアンケート調査結果（回収三八一二校）で「教育改革が早すぎて現場がついていけない」には八五％もが「思う」と答えている。また、「教育問題が政治化されすぎている」（六六％）と、今日の教育施策への不信感を隠さない。教育基本法改正に関しても、「賛成しない」が六六％も占めており、昨今の「教育改革」の流れが現場発ではないことを示している。

ところで、この「教育の構造改革」は、逆にある意味ではとても「わかりやすい」内容となっている。提示された次の四つの理念について、実際には学校現場にどのようにおろされ、施策化しているのかという視点からながめてみよう。
（1）一人ひとりの個性と能力に応じた学校教育の展開など「個性と能力の尊重」
言うまでもなく、ここの「個性と能力」とは〝学力〟を指している。それも、学力に遅れをとった子を丁寧にケアするという意味での〝尊重〟ではない。以前とはまるで反対である。勉強の出来る子の「能力」を「尊重」せよというのだ。

今、学力向上フロンティアスクール、スーパーサイエンスハイスクール、中・高一貫校、習熟度別少人数授業の浸透、小・中・高一貫（英語で授業）校の認可、飛び入学などエリート教育、格差拡大教育路線の開拓・導入は枚挙にいとまがない。確かに勉強が苦手な子ども向きのチャレンジスクールや不登校スクールの学校認可などの動きが全くないわけではない。しかし、こちらに主眼は置かれていない。それらは、同じ「特区」にしても、先に紹介した株式会社の経営する学校はいち早く認可したにもかかわらず、ＮＰＯ法人の方は手こずった例を見ても明らかである。バランスと世論の批判をかわすために認可しているにすぎない。

今や政府のマンパワーポリシーは、エリート教育や格差づくりへはっきり照準を合わせ始めた。ここまで差別化が鮮明になってきたのは、恐らく戦後初めての経験ではないか。

この理念の第一のポイントはどこか。それは「個性と能力」の範囲が作家の三浦朱門氏が言うように、「できん者」の反対、つまり「できる者」のことであり、限定的であるということ。今の時期は、反抗したり、〝自分くずし〟をする思春期だからＡ君の発達に合わせて、じっくり丁寧に向き合ってやりましょう等と対応してくれないのである。

また、もう一つ見逃せないのは、生活指導の分野では、一人ひとりの個性や能力、発達の段階に合わせた対応をとるのではなく、集団への帰属を強く求め、半歩でもはみ出すことを許さない姿勢であること。また、学習領域は、小学校から高校まで恐ろしいほど細かい個別化・分断化が進行していることである。つまり、小・中での習熟度別授業形態での細分化に加えて、高校では二〇〇三年度の学習指導要領から、原則的には保健体育以外、すべての教科が選択制に切り換えられていることである。このような徹底した個別化は一体正しいのだろうか。

学校だからこそ多様な能力と個性の子どもが一緒に生活しており、相互に学び合える機会に恵まれているのである。したがって、学びにおけるこのような集団の力を生かさない手はないのである。しかし、このような個別化という名の一人ひとりのつながりを奪う「個人化」、換言すれば、集団の分断化施策では、無限の可能性も展望も生まれない。個別だから、そのうちに行き詰まりを見せるに違いない。そして、数年のうちに必ずや崩壊するだろう。クラス全員で学び合い、発見し合い、相互理解が進む中で真実に到達する喜びを味わう、といった奥深くて普遍的な学びを本当は教室でもっと実現する必要があるのだ。

(2) 国際社会の一員としての教養ある日本人の育成など「社会性と国際性の涵養」

ここでいう〝国際社会〟とはどんな世界か。どのような概念で使用されているのか。「国際社会の一員として、日本も相応の負担をしなくてはならない。お金を出せばよいのではなく、〝汗〟を流すことが必要だ」という場面では、「国連中心」と同義語に近いようだ。しかも、国連の発足時の経緯やその後の歴史を捨象して、「国連＝正義」といった単純な文脈がある。だから、うっかりすると、国連決議さえあれば、戦争も容認されかねないムードさえ漂う。そのような国際性では、広がりに致命的な限界を持っているのではないか。日本国憲法による平和主義の原則に立って、日本の子どもたちが新たな国際秩序と国際平和を「共創」し得る中心的なにない手として育てるべきではないのか。

（3）学校や地域が個性あふれる学校づくりをしてニーズに応えるための「選択と多様性の重視」

これは、すでに述べた「学校選択制」を指している。学校の特色化と個性化がスローガンになっている。

学校選択そのものは、憲法に保障された自由の理念から考えると、原理・原則的には当然かもしれない。しかし、現在全国で進められている学校選択制度はその意味が全く異なっている。

なぜなら、親を教育のにない手、教育主権者ととらえているのではなく、学校は親と子を市場経済でいうところの消費者に見立てて、サービスを提供する立場という一面性しか考えていないからである。大切な二つの視点は、市民も共に学び、共に学校と教育を創る主体、にない手であるという双方向性と共同性である。そうなれば、他の学校との比較の必要性などほとんど意味はなく、競争の空しさが実感できるはずである。

〝育ち合う〟教育哲学の根幹を破壊しかねない、「選択と多様性」の推進力に市場の競争原理を直接適用し、導入しようとしている点が最大の問題といえる。

（4）学校が説明責任を果たすとともに、教育の質を評価によって保障する「公開と評価の推進」

これを行政側が言うのであれば、教育長や教育委員会に対する市民側からの評価も同時に推進すべきだろう。権力を握っている教育行政が現場の教師にのみ説明責任を求めるとなると、必然的に上意下達に陥り地域の住民や保護者が求める、本来の民主主義的な説明責任とはかけ離れていきかねない。

このような一面的な施策が拡大するのも、教員への管理強化の手段として評価に期待を寄せているためではないだろうか。

以上、四つの柱の分析からもわかるように、小泉前首相の「教育の構造改革」により、子どもたちの能力や「学力」による格差をもとに個別化教育を差別的に進めること、弱者をないがしろにした〝新しい学力差別〟を生むような教育施策は、民主主義社会への敵対的方針と言わなければならない。つまり〝弱者切り捨てのエリート教育〟への道をはっきりと踏み出し、いわば学力格差による新たな階級社会の構想に入ったとも言える。同時に、規制緩和を進め、学校間の競争を激化させ、子どもや親たちが自己責任を前提とした自己決定として学校を選択できるようにシステム化が進められたのである。これまでの憲法で保障されてきた、教育の機会均等の保障が、このような「差別化」と「自由選択」制度のもとで、急速にあやうさを増しているといえる。

2　六・三・三制が危ない？

戦後二度目の見直し

二〇〇三年五月に、文科省は、中央教育審議会（「中教審」）に対して義務教育の包括的な見直しを諮問した。
各紙の次のような見出しが、その特徴をよく示している。
「『六三制』見直しを　義務教育・包括的に」（「朝日新聞」五月一六日付）
「義務教育　包括見直し　5歳・7歳で入学「幼小一貫」も検討」（「読売新聞」五月八日付）
「中教審に包括諮問へ　就学年齢弾力化や小中連携など」（「日経新聞」五月一六日付）
中教審に対して義務教育の包括的な見直しが求められたのは「第三の教育改革」と呼ばれた一九七一年（昭和四六年）の「四六答申」以来である。「子供のニーズが多様化する中、どこまで制度を弾力化できるか整理したい」（文科省）としている。柱は、①教育課程・指導の改善②義務教育など学校教育制度のあり方の二本となっている。それぞれの主な内容と課題は次の通りであった。

〔この間中教審が審議してきた主な課題〕
（1）教育課程と指導の充実、改善方策
○学習指導要領や年間授業時数の明確化
○長期休業日や学期の区切り方
○総合的な学習の時間の指導上の留意点
○習熟度別授業や少人数指導、補習、発展的学習など個人に応じた指導の改善

○学力テストを踏まえた指導の改善
（2）義務教育など学校教育の制度のあり方
○義務教育の今日的な意義、学校の役割
○義務教育における国と地方公共団体の役割
○就学の機会や就学時期の弾力化
○幼小、小中など学校間の連携
○義務教育前の幼児教育
○義務教育費国庫負担制度
○株式会社やＮＰＯによる学校運営
○公立学校運営の民間委託
○コミュニティースクールの導入

義務教育の根幹を揺るがす？

どの項目も、詳細にとり上げればキリがないほど重要な問題を含んでいる。中でも就学の機会や時期の弾力化は制度と考え方を抜本的に改変するものであり、慎重な検討が必要なことは言うまでもない。

就学の機会や時期の弾力化とは、早生まれの子を一年遅らせて七歳で小学校に入学させたり、四月生まれの子を一年早く入学させたりというように、発育に応じた就学制度にできないかというもの。「個に応じた」と言えば耳障りはよいのだが、現行の制度下では小一・二だけでも三〇人。二五人学級を実現するなど、工夫すれば十分なケアが可能である。「個に応じた」と言いながら、実は、〝能力の高い〟子には、〝飛び級〟的な発想で五歳入学を認める可能性を切り拓きたいのではないか。これは遠山元大臣や中教審委員のテレビコメント（例えば二〇〇三年五月一五日夕方放送NHKテレビ）からも、感じさせられることである。これでは、六・三・三制の見直し論がおこったり、現状の教育文化や環境の下では、〝早期教育ブーム〟に一層火をつけたりしかねない。われわれも、われわれもと五歳入学を目指す親が多数出現するだろう。

すでに実現している北欧の例のように、義務教育年限を九年ではなく、一〇年に切り換えたり、五歳児教育のカリキュラムや実践のつみ上げに全力を傾注したりすることこそ緊急に必要であり、軽々に実現できる問題ではない。

〝義務教育の前提〟が揺らぐ？

さらに今まで義務教育の常識と考えられてきた制度まで、「改革」の対象に挙げられ検討されている。ここでは二つの事例について取り上げてみよう。

一つは、義務教育費国庫負担制度。これは、現行では公立小・中学校教員給与を国と地方自治体が二分の一ずつ負担しているのをどうするかという問題である。財務、総務の二つの省が、国庫負担金を教員給与などに使途を限定しない一般会計扱いとし、地方の自治権拡大の視点から各自治体裁量にまかせるように圧力をかけた。だがその結果、国が三割、地方が六割で妥協した。果たして地方の自治権拡大の問題なのか。「義務教育は無償」の憲法理念に基づく全額国負担の施策こそ必要ではないのか。安易な規制緩和路線に走るべきではないだろう。

義務教育費が一般会計に組み込まれるなら、首長によって、一、これまで通り教員給与に当てる。二、時間講師などを大量に雇い入れる。三、他の予算にまわして、教育予算のスリム化をはかる。これらのいずれかに落ち着くだろう。

政治決着をみた国の三割負担では、地方の負担が大きく、イギリスが〇六年から国の全額負担に入ったり、フランスも教師の身分が国家公務員であるため、全額国が負担している状況などと比較しても、国際的な流れに逆っている。

これでは、給与の自治体間格差を大きくし、ひいては、地域間の教師の力量格差を広げるだろう。

二つは、株式会社やNPOによる学校運営、公立学校運営の民間委託などの問題である。

これは、地域が学校運営に参加する「コミュニティースクール」の導入や公立学校運営の民間委託を検討しようというもの。加えて、すでに〇六年四月に、トヨタやJR東海、中部電力が運営する中等教育学校が認可された。つまり株式会社の教育への直接参入について検討、認可したものである。

企業利潤の論理や予備校の生活のコンセプトに、果たして学校運営を委ねることができるものなのか——教育とは何かという教育の根本理念にかかわる重要な問題と言える。

今「税金が投入されている以上、その成果などについては経済学的な観点から評価しなければならない」とか、「競争原理は教育も聖域ではない」などという論議が横行している。しかし、税金の活用については、それほど性急な成果を上げなければならないものか。

これらは、教育問題に無理解な人間を経済活動レベルでしかとらえない効率主義的な発想ではないか。教育に、経済の論理はそのまま通用しないのである。数値や目標を掲げて邁進しては、その影で多くの宝物を失うことになりかねない。教育にはまわり道や道草、時には前進のために後退する勇気も必要なのだ。このことは、教育における鉄則、原理であり、どんなに時代が変わっても不易と言える。

3　「小・中一貫校」で子どもは成長するのか

複線化する義務教育

東京の品川区では、二〇〇六年四月に小・中一貫校、日野学園をオープンした。子どもの発達特性に合わせて、四・三・二制をしき、一貫教育で学力向上やいじめなど生活指導上の効果を上げ、私立中学へ流出する生徒を防ぐのだという。

本音はどうも学校選択制に、もう一つ小・中一貫という「強力」な〝バリエーション〟を加えたいのだという。

文科省も、二〇〇四年度に、学校教育法を改正し、小・中一貫教育にも着手できるようにした。このような弾力的なカリキュラムの小・中一貫校のメリットとして、文科省は、次の三点をあげている。
（1）個人の学力に応じた習熟度別学習を実施しやすい。
（2）算数・数学など積み重ねが重要な教科では、小・中学校間での難易度の急激な変化をなくすことができる。
（3）英語も小学校を含む九年間で、無理なく時間をかけて学習できる。
さて、これら三つのポイントは本当にメリットだろうか。あえて言えば、三項目とも、政府のこれまでの施策の工夫改善によって、克服できるものばかりではないのか。また、角度を変えればどれも慎重に検討しなければならない課題ばかりではないのか。評価も二分しそうな項目ばかりである。もし小中一貫が長所だと認定するなら、単なる多様化、選択肢の拡大にとどまらないのではないのか。むしろ「小・中一貫校」の生徒は三つの項目において恵まれ、その他の公立小・中学校の子どもたちとは、学習環境に大きな格差が生じてしまうことになりかねない。これでは、文字通り公立学校の義務教育の複線化ではないのか。「小・中一貫校」はエリート校、その他は「一般校」にならざるをえない。

それでは、全てを小・中一貫校にすれば問題が解決しそうだが、先述の通り、そもそも「小・

中一貫」にどれほどのメリットや教育上の筋道があるのか。研究者も交えて、総合的な議論を欠くことができない問題なのである。〝新しいもの好き〟がごとき「改革」は迷惑千万である。

「特区構想」と連動して、小・中一貫のさらなる変形が生まれようとしている。それが台東区。台東区では特区構想に英語教育を中心とする公設民営の小・中一貫校「台東バイリンガルスクール特区」を提案。また同区では、幼・小・小・中一貫校の設置も提案している。

これらの構想群からもわかるように、小・中学校の学区の自由化は、単なる通学区域の問題にとどまらない。学校を公開し、特色づくりや学校間競争を生み出し、各校の活性化につなげたいようだ。だが、肝心の生徒や保護者、地域が学校づくりに参画できないと、特区構想の学校も加わり、義務教育の多様化は避けられず、完全に複線化せざるをえなくなる。

これは義務教育の機会平等の前提や、住民自治の基本の理念と構造にかかわる大問題と言わざるをえない。

規制緩和と、自己責任という新自由主義的な思潮は、これまで上意下達で画一性が強かった教育界だからこそ、その反動のためか、あれよあれよという間の大変貌ぶりである。しかし、丁寧な研究や検討がなければ、子どもたちの成長や発達が歪み、保障されず、親からは不信感が芽生え、これら表面的な好奇心に基づくような「改革」は、結局、いつか必ず破綻する宿命にある。

Ⅲ　学力格差を拡大させた学力低下論争——その経緯と真相と結末

〈はじめに〉

実は、学力格差、教育格差は経済的側面からだけ光を当てても、その一面しか浮き彫りにされない。それでは、きわめて経済原理主義的な形式的数値的理解にとどまるだろう。

今日のような学力格差・教育格差を生み出した第二の要因は、「学力」そのものをどうとらえるかにかかわった「学力観」の問題が隠されている。すなわち、一九九九年から二〇〇二年を中心に、はなばなしく展開された「学力低下論争」に着目すべきであろう。「学力低下がこんなに進んでいる。深刻な状態である。したがってカリキュラムをこのように変え〝教育の構造改革〟を進めないと大変なことになる」といった煽情的で、しかも、国民的な規模での思想的な誘導が展開されたのである。それに加えて地方自治の拡大、地方の自律性の確保という美名のもとにこの数年間、種々の「特区」政策をからませた、文字通り教育領域の基本構造や原理・原則の総くずしともいえる「聖域なき教育の構造改革」が目白押しに続いたのである。

そのあまりのスピードと規模の大きさに、多くの人は気づかなかったようだが、教育格差の拡大と固定化という底流が確かに流れていたのである。同時に今から振り返ると、学力低下の克服と「教育の構造改革」は逆に、学力格差を固定化構造化させる重大な役割もになっていたのである。

三つめには、別の章で触れることになるが、第一の経済的要因、第二の教育の「構造改革」を思想的にリードした新自由主義の影響を指摘しないわけにはいかない。すべてを競争原理による数値を尺度とした、成果主義を導入して競わせる中で、質を上げ量を拡大しようとする思考様式は、本来的に教育の原理や思想とは最も相入れない対立物であったはずである。ところが、第一の経済の原理と第二の政策論によって、これらの発想にまったくなれていない教育界全体を土台から激しく揺るがし、その最中に、破壊的な理論や実践が次々と展開されるに至ったのである。

本章では、この第二の要因である「学力低下論争」がいかに教育本来の姿を思想的、構造的にゆがめ、結局は教育と学力の格差を発生させる原動力になったのか、このことを丁寧に検討していきたいと考える。

骨子は以下の通りである。

一、学力低下論争の歴史と本質について。

二、新しい学力観（「新学力観」）こそ学力低下を招いたものである。そして、これこそ学力格差を広げた教育界の「内部犯」であり、いわゆる学力低下の「主犯」でもある。

三、これでは学力は「向上」しない。

一　「学力低下」論争の歴史とその本質

戦後の学力論争史

戦後の学力論争は、今回を含めて五回に及んでいる。それらを振り返りながら、今回の論争の特徴を浮き彫りにしておこう。

最初に今回の第五次の学力論争（一九九九～二〇〇二年）を分析すると、そこにはこれまでの四回に及ぶ論争に共通した特徴があることがわかる。

その第一は、これまでと同様に、経済的不況と機を一にしていることである。

第一次は四八年である。米使節団が輸出振興策などを発表、同年に第一次学力論争が展開されている。前年の四七年には、わが国で初めて学習指導要領が一つの「試案」として発表されている。もちろん、「法的拘束力」などはない。今回と違い一つの指針にすぎなかったのである。また、四七年は、教育基本法と学校教育法が公布された年でもある。この時の争点は、戦後の経験主義的な新教育批判と「学力低下」論であった。「読み・書き・計算こそ重要」という主張に対して、「読み・書き・計算は生活力を育てるため」の道具とされた。つまり、生活の手段とされたわけである。

第二次の六一年は、経済分野の特徴としては、「岩戸景気の終わり」といわれる「景気の谷間」現象が出現。「学力は狭義で」「計測可能な能力に限定するべきだ」などという学力論争が展開された。

第三次の七五年は、ついに完全失業者が百万人を突破。企業の倒産件数も史上最高に達した。前年度に高校受験率が九〇%を超え、過度な受験戦争が批判される。このあと七七年に改定され、小学校八〇年、中学校は八一年に実施された「学習指導要領」では、詰め込み教育を反省し、学習内容と授業数の削減、「ゆとりの時間」の導入が行われた。

第四次は九二年である。前年から始まったバブル経済の崩壊が、いよいよ本格化。平均株価は、三月に二万円割れ、八月には一万五千円割れと急激な転落現象。〝失われた一〇年〟(九二年〜〇一年)の幕あけであった。この年には、小学校九二年、中学校九三年実施の新しい学習指導要領の実施に伴って、現場に下りた手引き書の段階で、いきなり「新しい学力」観なる観点が強力に打ち出され、その是非について大論争が展開された。また、この年の九二年の九月から、月一回土曜休業、という形で学校五日制が導入された。

こうして、九九年が第五次の学力論争ということになる。九七年の山一證券の倒産に始まる、本格的な金融危機に見舞われ、九九年には、ついに〇六年の七月まで続いた日銀がゼロ金利政策を打ち出し、経済の冷え込みは、デフレスパイラルへと下降する。そごう百貨店やスーパーのマイカルの経営破綻、雪印食品、日本ハム、東京電力、三井物産など相次ぐ大企業の不祥事による経営危機は、企業倫理の揺らぎ現象を国民の前にあらわにした。

このような経済不況真只中の時期に、今回の「学力低下」論が台頭したのである。今回は、トップ大学の経済学部の学生の「学力低下」問題に端を発した。ところが、二〇〇二年から施行された、学習内容を三割削減した新学習指導要領と、完全学校週五日制の実施が目前に迫るに従って、「学力低下」論はいつの間にか小中の義務教育課程をも直撃していったのである。

乱暴な空論に振り回されて

これまでの学力論争は、小・中学校を中心に、学校教育現場の〝閉じた〟世界でたたかわされてきた。したがって、どんなに激論がたたかわされていたとしても、またそれらがどんなに歴史的に重要な意味があったとしても、ちょうど学会や企業体など一つの組織内での身内の論争にしか過ぎないのと同様に、外の開かれた社会にはほとんど無関係であった。無関心でもあった。とりわけ、あれほど現場を動揺させ、苦しめた前回の一九九二年から九四・五年にかけて巻き起こっていた、〝新しい学力観〟についての論争さえも、はっきり認識・分別できていた教育専門家以外の文化人や知識人はまだまだ少数であった。学習指導要領の告示年と実施年（二年後）を、平気で同一年と思いこみ、間違えて発言する出演者やテレビ局制作者も珍しくなかった。それほど、小・中の学校現場のこれまでの学力に関する論争や実践には、無知な専門外の知識人の発言が目についたのである。

つまり、今回の学力低下論争は、現場の教師や、これまでの現場に密接して地道に研究・提言活動を続けてきた教育の専門家による議論というよりも、門外漢の無責任極まりない言説――例えば、学習指導要領実施を目前にした段階で、対案を提示することもなく、すでに二年間の移行期間に突入しているにもかかわらず平気で〝白紙撤回〟を主張するなど、あまりにも子どもと現場への影響を顧みない言説――が飛びかったという特徴がある。

「論争」の「効果」は何か

大揺れに揺れた九九年来の学力低下論争ではあったが、あえて、成果を探すとすれば何だろうか。これだけ乱暴で、現場と子どもを無視した一面的な議論であっても、やはりどのような効果を生んだのか冷静に押さえておくべきだろう。

少し強引だが以下に整理しておこう。

(1)学習指導要領の「ミニマム・スタンダード」化の強調

学習指導要領は、これまでも、法的には、「地域差・学校差を越えて、全国的に共通なものとして教授されることが必要な最小限度の基準と考えても必ずしも不合理とはいえない」(昭五一・五・二一最高裁)とする判例が出るなど、一つの基準ではあったものの、「法的見地からは、必要かつ合理的な基準」(同前出)としての側面が前面に出すぎて、実際には、教科書検定や入試の出題の内容に見られるように「最大基準」となって現場を強く拘束してきた。

それが、学力低下論争のおかげ（?）か、文字通り〝最低基準〟としての学習指導要領が強調されるに至ったのである。あれほど強固だった学習指導要領の拘束性そのものに、風穴をあける結果につながった意味は大きい。「発展」学習も「深化」学習も教師が自在に考えて、展開できる可能性が急速に広がったといえる。むろん、学習指導要領の内容以上の発展学習などは、エリート教育だけに結びつく危険性を否定できない。

ミニマム・スタンダードからさらに、指導要領を文字通り〝大綱〟化することで、それぞれの学校や地域で独自に個性的で創造的なカリキュラムを、開発できる可能性も開かれたといえる。しかし、第Ⅱ章で見たような学校の多様化・複線化と合体した時、それらは確実に地元の子どもの目標と化すに違いない。

（2）地方における教育自治の充実

指導要領のミニマム・スタンダード化が叫ばれ、学級定数基準を地方自治体で決定できるよう義務教育標準法が改正されて、これまで不可能に近かった学級定数の少人数化が各地で進展。これを採用する都府県は〇六年八月段階では、首都東京を除いて全部。ほぼ全国に達している。少人数学級を採り入れるところもほとんどに及んでいる。これも、学力低下論争の副産物だろう。わが県、わが地方の子どもの学力だけは低下させまい、責任を持って向上させるのだ、という熱い思いが首長をして、独自の予算措置をしてでも、あるいは総量規制のシステムを活用しての制度を生かして少人数学級の実現へと向かわせているのだろう。地方から中央（国）を囲い込むような勢いで、国家に対して、三〇人学級やより強力な財政的支援策を引き出せれば幸いである。

今や、地方を訪れると、多くの教育長が、かつてのようにただ文科省の指示だけを待っているのではないことがわかる。上意下達の行政の姿勢はかなり霧散しているといってもよい。よい意味で「自己決定」「自己責任」思想が広がってきているのだ。成熟した地方教育行政を市民参加と市民決裁の発想で発展させるためにも、この視点がさらに広がることを願う。

州政府が教育の実権を握るアメリカのように、日本も県単位で教育行政が機能する部分がさらに強化されることが望まれる。

（3）旧来の日本の古い学力観の根強さ

これは、日本の教育意識をリアルに把握する上で役立ったということ。評価しているわけではない。逆に言えば、九〇年代から一〇年もの間に及んで文部省が力を入れてきた「新しい学力観」がいかに浸透しなかったのか、国民的に容認されなかったのかという証拠でもある。やはり、「関心・意欲・態度」を学力のトップに押し出した学力観には疑問が残り、ついていけないということであろう。文科省の「学びのすすめ」（二〇〇二年一月一七日）によって、旧来の計測可能な学力定義重視へと一気に揺り戻し、教育現場にも動揺が走ったが、これらをくぐり抜けながら、市民主導で二一世紀を生きるにふさわしい学力観とは何かを議論し、新しい学力観を打ち立てなければなるまい。

それにしても、「読み・書き・計算」を中核とする基礎・基本の学力を求める国民の願いの何と強力なことか。積極的に時代を切り拓いて、生きるために必要な学力について論じられないことは、残念としか言いようがない。が、これが現実であり、ここからスタートせざるをえないのだろう。

以上のように、学力低下論争は、いくつかの副産物を生んだ。

次の段階で期待されることは、〝現場〟から立ち上げる、スピード主義ではない学力向上実践の交流、普及であろう。新しい学力観への反発もあって、現在は旧来のトレーニング中心の方法に傾斜する傾向を見せてはいるが、学力形成本来の実践交流が豊かに展開されることを望みたいものである。

あいまいなままの「学力」の定義も、まるで国家存亡の危機と言わんばかりの声高な「低下」論も、悪平等主義とか甘いと批判される「絶対評価」を巡る論点も、今、振り返ると、何のために、どのような考えや立場から発言しているのかによって、主張の内容が規定されてしまっており、純粋で中立的な意見が目立たなかったようである。

私は、あくまでも子どもの立場を代弁したい、子どもに寄り添いたいと願っている。そして、他領域や他者との差異にこだわり交流を断つのではなく、いかなる人々とも小さな重なりでも大切にする〝共生〟をこそ求めたい。

二　新しい学力観が招いた「学力」低下と新たな格差

「学力低下」、指摘の衝撃

その後も、三割削減した学習内容を部分的に復活させた「発展」篇の学習教材の作成など、文部行政も世論の批判に応えるべく目に見える形で政策転換を行った。しかし、事態はＯＥＣＤによる「生徒の学習到達度調査（ＰＩＳＡ学力調査、PISA＝Program for International Student Assessment 世界四一カ国・地域参加、二〇〇三年実施。以下、ＰＩＳＡ調査とする）」の結果発表によってさらに急展開することになる。

「『学力トップ』陥落の衝撃」（朝日新聞）、「日本、学力大幅に低下」（日本経済新聞）、「読解力急低下」（読売新聞）などと、二〇〇四年一二月七日付の各紙には、刺激的な見出しが躍った。「読解力　八位→一四位」「数学的応用力　一位→六位」「文科省　トップ水準と言えず」（以上、日本経済新聞）など否定的な報道が相次いだ。「科学的応用力（Scientific Literacy）」が、前回と同様の二位だったり、「問題解決能力（Problem Solving）」も前回と同様の水準を維持していた点などには触れられずに、落ち幅の大きい科目の順位のみ大きく報道したのである。

このように順位に偏ったマスコミの報道姿勢には疑問が残るものの、確かに順位そのものを落としただけではない。「読解力（Reading Literacy）」などは、前回（二〇〇〇年）の五二二点と比べると、四九八点と参加四一カ国・地域の中で、最大の下落幅を示したことも事実である。また、各国の平均値の五〇〇点にも届いてない。順位の下落だけでなく、絶対値そのものも低下傾向にあったことは否めなかった。

文部科学省もよほど動揺したとみえ、手際よく次のような「今後の取り組み」と題した方策を打ち出した。すなわち、①基礎基本の徹底、②思考力、判断力などを含む「確かな学力」の育成、③世界トップレベルの学力を二〇〇六年秋まで目指す、と発表したのである。

しかし、問題の本質は順位や点数の低下にあるのではない。実は、構造的な背景にある「学力の二極化」こそが、最大の問題なのだ。学力の低位層の人数が多ければ、平均値を引き下げるばかりか、学習意欲や教科への興味・関心・果ては学校生活など、ほとんどすべての調査項目に負の要因として波及するからである。日本における「学力低下」の根本的な問題はここにこそあるのだ。「数値的学力」だけの問題でなく、学習意欲や生活力全般にまで、学力が影響を与えているとすれば、どのような若者を育てるのかという根本問題にも触れることになる。うっかりすると、新しい貧困の元凶にさえなりかねないのだ。

子どもから見た学習意欲の減退

学力低下の原因として、よく挙げられる「ゆとり教育」だが、もっと子どもの心に寄り添ってこの問題をとらえる必要があるのではないか。つまり、なぜ学力低下が引き起こされる子どもの状況があるのかという問題である。

その一番大きな背景として考えられることは、学習意欲を喚起させるモチベーションの急速な低下の問題である。やさしく表現すれば、勉強する意義や意味、目的がつかめなくなっていることである。これが強力であれば、どんなに不利な条件や逆境にあったとしても、子どもや青年たちは前進し、学び続け、学力をアップさせるはずだからである。目的意識希薄化の最大の原因は、「手段としての学習」の魅力がうすれたことにある。つまり、成績を上げさえすれば、よい高校に合格でき、一流大学へと進学する。そして、大企業に就職、「日本型雇用システム」である終身雇用と年功序列に守られて、一生安心して暮らすことができた。女性の場合、地方では、一流高校の卒業であるか否かで結婚先まで左右される時代が続いてきたである。

これらの学歴主義的な価値観は、社会全体や学校のみならず家庭や生活の隅々の文化にまで浸透していた。ところが、このような日本社会を強烈に覆っていた〝学歴主義〟が九一年のバブル崩壊と同時に年ごとに加速度的に消滅し始めた。たとえ貧しくても、多少人格面に問題があっても、勉強さえできれば幸せになれる社会は、二〇〇六年の今ではその土台も構造もほぼ崩壊したといってよい。学力が、お金以上にパワーを持つ「学力神話」は、株価の暴落と同様に崩壊したのである。しかしながら、この歴史的変化をいまだに認めることができずに、学力低下論の中で「東大神話」にとりつかれている人々もいるようだ。

いや格差社会が認識され「勝ち組」「負け組」の二極化、下流社会論が流行する今日の情勢下では、「新」東大神話が復活しつつある。無論、この「新神話」は数値主義に基づく教育「改革」が影響していることも否めないが、高校受験学区の拡大や義務教育課題の多様化（個性化ではない）、複雑化が大きく作用していることは明らかである。このことは、第二章で見た通りである。

しかしながらこれでは、狭い日本の中だけでの古い学力観に基づく自己満足的な学力向上にすぎない。新たな学びのビジョンを大人が提示しない限り、困難に挑戦しながら新しい地球の共同体や世界平和を創出できる人材は育たない。そういう学習にいそしむ子どもたちの姿を期待することは空しいだろう。むろん、学びそのものの中に豊かな発見が無数に秘められており、学びを生きるための手段というよりも、学びの行為そのものが優れて文化的行為であることを認識すべきである。しかし、これまでの日本の教育における学習があまりにも学力のパワーを貨幣のように生かす〝手段としての学習〟であったために、そのスタンスを変えることは容易ではあるまい。今日のトレーニング中心主義的な学びも一分一秒でも時間を短縮することを喜びとする目先きの〝手段のための学習〟法でしかない。一流高校合格者数を競い合うゲームにすぎない。時代の変化を見抜く鋭い子どもたちを説得的にリードする手法ではないことは、都市部では定着しないケースが多いことを見ても明らかであろう。

学力低位層が急増

学力の二極化の問題について、「読解力」を例に検討してみる。

日本は、先述のとおり前回の二〇〇〇年のPISA調査において、読解力では基本的な知識・技能をほとんど身につけていないとされる「一未満」の生徒（一五歳）は、わずかに二・七％（OECD平均は六・二％）しかいなかった。ところが二〇〇三年の調査では、参加四一カ国・地域の平均値六・七％をも上まわる七・四％も占めた。「一」を加えて、「下位グループ」として括ると、前回の一〇％から一九％へと二倍近くに急増している。また、さらに「二」を加えて、「三未満」の「学力が普通より劣る層」としてとらえると、なんと三九・九％と四割弱にも達していたのだ。ちなみに読解力一位のフィンランドでは、「一未満」はわずかに一・一％、「一」と「二」を加えた「普通以下」が二〇・三％と、日本の約二分の一にすぎない。前回の調査では、日本もフィンランドも数値に大きな開きがなかった点を考えると、いかに、日本では低学力層が急速に拡大したか明白である。

上下それぞれ二五％に位置する生徒の得点差も、ドイツ、ベルギー、ニュージーランドに次いで四番目。つまり、「できる子」と「できない子」が見事に二極化しているのだ。しかも、この「学力の二極化」現象は、すでに現場の教師たちの実感になりつつある。共同通信社のアンケート調査（二〇〇五年一月、二〇〇人対象）でも、「学力の中間層が減り「できる子」と「できない子」の二極化が進んだ」と「感じる」教師は六四％、「感じない」は一六％にすぎない。七割近い教師が、学力の二極化を実感している。

このように、これまで日本の「お家芸」とも称賛されてきた、「どの子にも等しく」基礎学力を保障する伝統的な学力形成の理念や方法、つまり個々の教師たちの「授業力」そのものが、落ちたのである。なぜなら、習熟度などに生徒のレベルを分けることによって、学校が「塾化」したのである。例えば、教師がプリントを配って問題をやらせ、それに「○」をつける人になり下がってしまったりすることによって、急激に揺らいだことを物語っている。

すなわち子どもたちの学習意欲の減退を生み、学力低位層を大量に生み出した教育政策上の要因があるのではないか。そう考えざるをえないほど、子どもの学力と学習意欲が急速に二極化を呈しはじめている。その一因として、「ゆとり教育」に対するこのような詰め込みと習塾度別にクラスを分けて、答えだけ合わせる子を量産しようとするような拙速な見直し政策を指摘できるのではないか。

それにしても、学力の上位層はなぜ学力があまり落ちないのかという疑問があるようだ。それは、学校での授業効果など上位層はほとんど問題視していない証拠でもある。上位層は、通塾や家庭教師、通信講座、あるいはこの二年位前からは、父親が直接、毎日のようにわが子の勉強を教えているからである。つまり、このように学校外教育によって、上位者は学力を上げているのである。これは、何も教科学習に見られる現象だけではない。歌、バレエ、ピアノ、水泳、体操、絵画、英語、などはほとんどが〝外注〟である。学校には頼っていないのである。すなわち、ここからも経済的格差や親の学歴、家庭の文化的格差が子どもたちの学力を二極化させている――上位者を引き上げている構造がすけて見えるのである。

次に、「学力低下」論争そのものの誤りを検討しつつ、その対策の誤りについても検討を加えていきたい。

新しい学力観は「学力」を低下させる

直接的な学力低下現象は、端的にいえば学力観の転換（九二年）と学歴社会の崩壊というカウンターパンチを浴びた結果である。計算力や漢字力などトレーニングで形成される基礎的な学力の低下現象は、八九年の学習指導要領の当然の帰結である。これまでの文部行政は密室の中で上意下達で行われてきた。このこともあり、教育関係者以外には理解されにくいのだが、これはけっして〝ゆとり〟のせいではない。容量としての〝ゆとり〟ではなく、学力とは何かという本質にかかわる学力観そのものを大転換させた結果なのだ。

当時の文部省が、これまで私たちが学力の中心と考えてきた計算力や暗記力など計測可能な「知識の量」や「理解の力」ではなく、教科に対する「関心・意欲・態度」こそ学力であるとしたとらえ方の転換の結果である。したがって、実は学校現場ではこの間「できないのも個性」として扱われてきたのだ。

九四年、五年ころ、担任が学習に遅れがちの子に居残り学習をさせていると、すぐに校長室に呼び出されて、〝古い学力観〟等と非難され、補習をやめるように指導されたものである。こうして、一人ひとりの到達度に合わせて、どの子もできるようにしようとする個別指導などへの配慮がしづらくなっていったのである。当然、現場の教師たちは宿題を出さないようになった。宿題は激減したのである。

また授業の設計図ともいえる「指導案」は、「支援案」と直されて戸惑う教師も多かった。研究授業でも、つい力が入って一生懸命に教え込もうとすると、授業後の講評で「学習は支援活動であって、教師がリードするのはいかがなものか」と批判を浴びたものだ。

こうして、〝教え込むこと〟が機械的一面的に禁じられていったのである。今日の低学力問題の根底には、結果としてこれら具体的で身近な変化も横たわっているのである。けっして世間でよく言われている〝ゆとり教育〟のせいだけではない。

ところで、〝ゆとり〟問題に特化して考えると、九二年九月からの月一回、九五年四月からの月二回の学校五日制は、土曜日そのものは休みになったものの、逆に他の曜日の子どもたちの生活はきつくなっていった。

授業時数確保のために、これまで小一にはなかった五時間目授業が週に二日も三日も実施され、中学校では部活動や委員会、クラス活動（委員会）に活用する時間が縮小、現場ではゆとりがなくなり、教師も子どもたちも不満が高まっている。これが真相なのだ。

内申重視路線への転換が意味するもの

実は、「新しい学力観」を「関心・意欲・態度」の順番で正確に記している文章（著書、論文等）が意外にも少ない。さすがに、教育学者は正確であるものの、今日の〝学力低下論〟の火つけ役の人たちや脚光を浴びている実践家の教師の中でさえ「意欲・関心・態度」などと以前の表記順序で不正確に表現している例も珍しくない。これはいかに先の学力低下論者が、学校現場の「新しい学力観」との苦渋に満ちた日々の歴史の事実を知らないかという証明でもある。

「意欲・関心・態度」は戦後一貫して使われてきた教育上の一つの概念にすぎない。しかし、「関心・意欲・態度」は九〇年代の約一〇年間、現場を縛り苦しめ続けてきた重大なカテゴリーなのだ。「関心」が先頭に置かれた意味を教育委員会からいかに力説され、その評価方法に苦心させられたことか。見えなくて計測不能な「関心」を日常の授業でもペーパーテストでもとり入れ、正確に評価しろというのだからたまらない。小さな文言の違いですませられるものではなかったのである。

小学校には九一年、中学校には九二年に、「新学力観」への転換が強調された。偏差値でなくて、「関心・意欲・態度」を重視し、評価する路線へ一大転換をはかろうというわけである。これは日本の戦後教育史のなかでは、初めての評価観、学力観の一大転換であった。だが、これが偏差値追放の課題とうまく合体したのである。

偏差値を追放した新学力観の評価のシステムは、「内申書重視」路線であるかのように中学校側には打ち出された。つまり、卒業という「出口」に向けて徹底的に多様で多元的な評価を下し、中学生を早期に学力、個性別に「分別」しようというのだ。

同時に、高校教育改革推進会議が高校の多様化路線を打ち出しており、中学校からの受け皿として、コース制や単位制、総合学科等、多彩で多様な高校という棲み家を準備したのである。こうして、多様な高校に対しては、偏差値に代わる多様な「入口」への選択・分別基準の設定が求められたわけである。

このように急変した状況が、「出口」としての中学側と「入口」の高校側の双方にあって、今日の内申書重視路線が一気に実態を伴なって拡がり、システムとして定着したというわけである。

ここで導入された新学力観は、観点別評価が中心で、各教科四つか五つの評価の観点が提示される。その観点のトップ項目には、いずれも「関心・意欲・態度」が位置づき、これまで一貫していちばん重視されてきた「知識・理解」は最下位に置かれることになった。つまり軽視することになったのである。

これまでの「学力」とは、「知識の量と理解力」が一番重視されてきた。これに対し、新しい学力観ではトップの位置に来たのが、「関心・意欲・態度」なのである。

わかりやすくいえば、例えば英語や数学で一〇〇点か、九〇点かという数値で示せる「学力」よりも、授業中の挙手回数や発表の声量などの態度や、提出物の期限を守ったかどうかなどの状況に反映される「関心・意欲」などに学力評価の重点が移されたのである。

それ以前の伝統的な評価システムでは、授業中の態度が悪かろうが、教科や授業に対して、あまり関心がなかろうが、とにかく定期テストで満点をとり、小テストでも満点をとれば、通知票は文句なしに「5」であった。態度評価を前面に出せば、主観的と批判を受けたものである。

それが今や「関心・意欲・態度」が、「知識・理解」より上位に位置付けられたので、たとえすべてのテストで満点をとったとしても、教科への「関心」がうすいとか、授業中の「態度」が悪いとか、教師に反抗的であるとか、「意欲」がないと見なされれば、通知票が「3」になる可能性が大きいのである。

私が以前出演したNHKの『教育トゥデイ』（九七年九月二七日放送）という番組で、「あなたはちゃんとわかり、できるのに、それをすぐに先生に提出しにこない。まわりで答え合わせをしたり、友だちに教えたりしているから評価が低いんだ。〝新しい学力観〟ではすぐに先生のところにもってくる、アピールすることが重要なんだ」という主旨の話を、担任が親子面談で力説している場面が画面に映された。

「いや、僕はそういうのは、あまり好きじゃないですよ」と、本人は笑いながら受け流していた。お母さんも「それがこの子の個性なんです。それが評価されない」と憮然とした表情で語っていた。こういう、ウソのような本当の話が当時は全国を覆い尽くしていたのである。

九三年の「改革」で、偏差値を追放したことは基本的に正しかった。偏差値には、教育的な長所はほとんどなく、もっと早期に追放しておくべきであっただろう。ところが今度は、「関心・意欲・態度」が重視されるというので、子どもたちはそれに合わせた「対応」策をとるようになったのである。

ボランティアに参加すると「特記事項」欄に記載されて、内申点が高くなる。そうなると、誰もが競って、ボランティアに行く。生徒会の委員長をやると、内申点が稼げるらしいというので、次々と立候補するなどという現象が各中学校に生まれた。

それもどの委員会なら、確実に内申点をもらえるのか。汚いことをやりみんなが嫌がる美化委員会がいいのではないか等といろんなうわさが飛びかったものである。

授業中には、高学年になればなるほど恥ずかしがって手を挙げないのが、思春期の中学生の自然な姿でもある。しかし、今日の中学校の教室では、「はい！」と勢いよく手を挙げる光景が見られても不思議ではない。もし教師に当てられて、わからない時は、「いま、考え中です」と言えば、その積極性が高く評価される。わかってもわからなくても、手を挙げて発表しようとする〝態度〟が評価されるのである。しかも、教師は毎授業ごとに教室の座席表を持参、生徒が手を挙げるとその都度回数をチェックする。学期末にはそれらをトータルし参考にして評定を決定していくのである。当然、子どもたちもそれに合わせる。今から一〇年以上前の九四年の四月ごろから、教室ではこのような状況が蔓延し始めたのである。


ところが、二〇〇〇年に入ると、学校によっては誰も手を挙げなくなったという。つまり、「内申点稼ぎで、あいつは手を挙げている」と思われるのが嫌なのだ。やりたい意欲のある子が逆に手を挙げられないという新たに深刻な事態が生まれてくる。

放課後、職員室に質問に行くと内申点が上がるということを塾でも指導する。しかし、本当にわからないときに、内申点稼ぎだと思われるのが嫌だから友だちを誘って行く。内申点を稼ぎたくて行きたい子も、そのことがばれるのがいやだから友だちを誘って行く。

一三歳や一四歳の発達的な特徴からいえば、本来なら大人や教師に対して、ムカついても当然の時期である。また、仲間からの同調圧力を感じたりもする。ところが、それさえできないような息苦しい状況におかれているのである。

これは、単なる入試のシステム上の問題にとどまらず、思春期の子どもの発達の特性を考えたときには、あまりにも大きな発達阻外の要因ではないだろうか。

埼玉のある高校生は、次のように述懐している。
◇推薦は性格が悪くなる。先生の前だけよく見せる。仲間にはそれがよくわかる。内申書は先生の意見だけで、他の人の考えを書く場がないから。（Tさん）
◇委員会の仕事などは実力ではない。内申のために仕事をしている。何か違うのではないか。私はブラスバンド部に入っていた。友だちから内申点が上がるよ、といわれて部活に参加しないのに部長を争った先輩がいた。（Aさん）
◇委員会でも、委員長だけやる人がいる。委員長をやれば何点、と点数をかせぐ。立候補すれば委員長になれるから、実力がなくても推薦される。そんな人がいた。（Mさん）

このように子どもの人格的な発達を阻害する現象が多く発生していたのである。

新学力観に基づく内申重視路線が生んだもうひとつ見過ごせない問題点は、学力そのものが急速に落ちたこと、低下したことである。より正確に言えば、学力の質が変化したのである。「知識、理解」よりも外見的・表面的な〝態度〟を評価するわけだから、「ごまかしの学力」、「演技の学力」になっていかざるをえなかった。

実は、この内申重視路線の「第一期生」を私はある大学で教えていた。ある時、次のようなミニレポートに注目させられた。内申書重視路線の弊害は一時期であれ、生徒を不登校に陥らせるなど、深刻であったことがわかる。

◇講義を受けて、私は自分の中学時代を思い出した。私は中一の頃から内申書がよくなるようにと、いろいろなことを考えていた。学校では部活に入らないと、或いはやめると内申書が下がるというウワサがあり、皆、それに応じて動いていたように思う。あのころは感じていなかったが、いま振り返ってみると、いつ誰に見られているかと絶えず人の目を気にしていたと思う。だから、朝会や集会などでとても眠くて姿勢をくずしたいときも、先生が近くにいると必ずピンと背筋を伸ばし、耐えている自分がいた。

◇私は、生徒会長をしたり、部活で部長をしたり、外ではボランティア活動をしたりしていたので、かなり、内申点に有利でした。そのため陰口をすごく言われました。別に内申点目的でやったわけではなかったのに……。そのため、一時期、登校拒否になりました。内申書には、いい点はあると思います。しかし、消極的な子が評価されない、内申書のために演技する子がいたりと問題をたくさん抱えていると思います。自分自身、内申書には、悪い思い出しかありませんし……。

学力格差を広げた「新しい学力」観

新しい学力観が入試制度に姿を現わしたとき、いかにグロテスクな〝態度主義〟に変質するかという事実をこれまでの内申重視の入試制度に見てきた。このような態度主義は、基礎・基本を確実に習得することや発展的な学習のマスターからも真剣に向き合いづらくさせ、とにかく、外見的表面的な〝態度〟だけとりつくろえば成績が上がるわけだから、確実に学力を低下させる。また、その態度の強要が思春期の発達阻害を引き起こしかねない点も事例に見た通りである。繰り返しになるが、学力低下の真の犯人は、この態度主義によって学力を規定してしまった「新学力観」なのである。世間一般に言われるような〝ゆとり〟がゆるみを生んで学力が落ちたわけではない。次に述べるように、「ゆとり」のある総合的な学習方法の切り口から、学力が向上した例も多く、学力低下を「ゆとり」教育のせいに一面化するのは、現場の実践や教育政策――とくに「新学力観」がどのような実体を有しているのか――を知らない立場からの論理にすぎない。しかし、それにしても、ここまで社会を席巻させたのはマスメディアの影響が多大であろう。

学力世界一とされるフィンランドについては、Ⅶ章で紹介するが、教科学習はほとんどなく、総合的な学習が中心である。つまり、モザイクのような教科学習から学力の全体系を組み立てるのか、それとも「事例」をきっかけ、素材にして、その背景を学問的に跡づけ、推論し、分析力を高めるのか、アプローチの違いである。今日のＩＴ化するグローバルな国際化社会の中でどちらがよいかは、それぞれの学校や生徒個人の育ち方や文化環境に大きく影響されることだろう。もちろん、どちらかに固定しなくても、ここの領域は総合的な学習のアプローチにするとか、各教科学習の中に総合的視点を貫くことによって、理解力を高め、児童・生徒の興味関心も高めている教師は多い。恐らく、そのような臨機応変に、学習活動への切り口を変えることができる教師が力のある教師なのだろう。したがって、総合的な学習によって学力を上げている実践例は、ある意味でどこにでもころがっているのではないか。

ところで、二〇〇二年九月のこと、新学力観による指導では、得点そのものも一九八二年当時より約一〇％、七点低下しているばかりか、小学生の子どもたちの間の学力格差が広がるという貴重なデータが発表された（「学業達成の構造と変容――関東調査にみる階層・学校・学習指導――」耳塚寛明お茶の水女子大学教授、二〇〇二年二、三月調査）。

この調査では、児童（七九九八人対象）に対する一二九問の算数の設問を設置。この結果、表Ⅲ－1からわかる通り、八二年の五三〇七人と比較すると同一問題にもかかわらず、得点が七・二％低下している。新聞報道では、得点が下ったことばかりクローズアップされていたのだが、

表Ⅲ−1　当該学年までの総合的正答率の変化

単位：％（表2も同じ）

区　　分	2002年	1982年	2002年
1　年	81.0	85.6	▲ 4.6
2　年	73.3	81.7	▲ 8.4
3　年	73.5	84.9	▲11.4
4　年	77.9	84.4	▲ 6.5
5　年	76.8	84.5	▲ 7.7
6　年	79.9	85.5	▲ 5.6
全　体	77.2	84.4	▲ 7.2

表Ⅲ−2　教科書の説明が簡素化された設問の正答率の変化（当該学年）

設問内容と履修学年	2002年	1982年	差
量と測定（１年）	58.9	70.3	▲11.4
量と測定（３年）	86.2	90.0	▲ 3.8
量と測定（３年）	85.8	89.1	▲ 3.3
図　　形（３年）	68.1	76.6	▲ 8.5
図　　形（３年）	63.6	71.4	▲ 7.8
数量関係（３年）	67.0	78.3	▲11.3
数量関係（３年）	66.6	76.5	▲ 9.9
数量関係（３年）	54.6	63.1	▲ 8.5
数量関係（３年）	52.7	60.9	▲ 8.2
計　　算（４年）	73.7	87.5	▲13.8
図　　形（５年）	57.9	49.6	8.3
図　　形（５年）	46.4	51.7	▲ 5.3
量と測定（６年）	85.1	84.6	0.5
量と測定（６年）	48.5	56.8	▲ 8.3
量と測定（６年）	69.8	75.9	▲ 6.1

実は、その原因分析が貴重である。表Ⅲ－2から明らかなように、教科書の量が減ったり、例題が省略されたりした場合には、一五問中実に一三問でかなり（最大一三・八ポイント、マイナス）低下している。これは算数だけではなく、国語についてもいえる。敬語法などでは、最大一八・二ポイントも低下している。

両親が大卒かどうかという社会階層差も、学習時間や通塾、学力テストの成績にくっきり反映されていることがわかった。

表Ⅲ-3　教授方法類型別の努力・学力の階層差
（5、6年生の母親学歴回答者）

単位：%、分

学級の教授方法	母親学歴	正答率	学習時間
伝統的教授方法の学級在籍者	非短大・大卒	56.3	34.0
	短大・大卒	61.4	37.8
	階層差	5.1	3.8
非伝統的教授方法の学級在籍者	非短大・大卒	54.4	32.0
	短大・大卒	71.4	38.6
	階層差	17.0	6.6

注：1．当該学年向け問題の平均正答率。
　　2．受験塾通塾者を除く。

ここで注目すべきは、学習指導法を旧来の「伝統型」（つまり、教科書と黒板使用の教師主導型で、ドリルや小テストで定着・確認を図るもの）なのか「非伝統型」（つまり、自分で調べたり発表、討議をする。体験をおり混ぜた教科横断型）によって学力格差がどのように発生するのかを明らかにしたデータである。

表Ⅲ-3から明らかなように、非伝統的な新しい学力観にそった学習指導法では、母親が非短大・大卒の児童では、伝統的教授方法のクラスの方が正答率が高く、学習時間が長い。反対に、母親の学歴が高いと児童は非伝統的、つまり新しい学力観に基づく問題解決型の授業の方が正答率が高く学習時間も長い。表Ⅲ-3を見ればわかる通り、大卒か否かの学歴差は、旧来型の伝統的授業タイプの教師のケースでは、わずか五・一%にすぎないのに、新しい学習観の下では一七・〇%とその格差は三倍強にも達している。

　また、学力を得点力はもちろん質的にも高めようとすれば、新しい学力観に基づく指導法と、児童の興味・関心や意欲を重視し、日常の授業活動などを細かくチェックする評価システムの方が短大・大卒層においては、そうではない伝統的な教授法の六一・四％に対して、七一・四％とちょうど一〇ポイントも高く、その有効性が高いことが明白である。つまり、自ら考え自ら学ぶ体験重視、討論や発表を多くとり入れる新しい授業方法の方が、学歴差が子どもの学力差を大きくするようだ。

　したがって、旧来型中心か新しい学力観型か、それとも教科や単元に応じて臨機応変に二つのスタイルを組み合わせて授業展開した方がよいのか——については、各学校の教師が地域の生活実態などを慎重に分析判断しながら、取り組むべきものである。一つの学校で成功したからといって機械的に百マス計算や音読をくり返す手法を模倣すればいいのではない。耳塚教授も「低い階層の児童を逆差別的に支援するなどの施策が必要」と述べているのは卓見である。地域や子どもの状況に応じた柔軟な指導と評価こそが教育実践の命であろう。それこそが高い学力を生み出すのである。ゆとりか詰め込みか、などという議論自体、教育の条理に合致しない俗論にすぎない。

三　これでは学力は向上しない

実態に基づかない「学力低下論」

それにしても、一九九〇年代後半から本格的に始まった学力低下論争とその見直し策は、これまでの〝新しい学力観〟そのものを姿形もない程一気に吹き飛ばす結果となった。つまり〝新しい学力観〟は九二年から〇二年三月に至る「短命学力観」に終わったのである。そればかりか、教育の内情を知らない外野席から開始された学力低下論争は、結局のところ、学力格差の拡大・固定化を飛躍的に成し遂げる結果を生んだのである。そこには、いくつかの重大な基本的な誤解や錯覚が見られた。

第一には、学力に関する定義を避けつづけたことによって生じた誤解である。その結果、実態を的確に把握せず、統計的なデータばかりが猛威をふるうことになった。そのうえ、新自由主義に基づく成果主義が、数値至上主義や競争原理とシンクロナイズしながら、先述の通り教育格差を再生産するという結果を生んだ。こうして、教育臨床における重要で複雑な側面を、ほとんどすべて削ぎ落とし、「調査・分析」された単純なデータのみがひとり歩きし始めたのである。

二一世紀を切り拓く力とは、どのような学力か。その力量を形成するためには、子どもたちは何を学び、どのようなカリキュラムが必要なのか。本来はこのように、これまでの計測可能な

「学校知」としての学力に加えて、未来を見すえた熟慮すべき「新しい時代の学力」を論じる必要があったのである。しかし、そこが空白状態に陥ったまま論争だけ進んだために、結局は脱文脈的な暗記力や記号操作的理解力、単純な知識や技能の習得といったこれまでの認知主義的な学力観が勢いを増して復活することになった。つまり、現場の地道なレベルの高い実践が、社会的にはほとんど無視され、単純なトレーニング主義的手法と目に見える計測可能な数値に足元をすくわれる結果になったのである。こうして、漢字検定や英語検定、数学検定、地理・歴史検定など、社会現象としての「検定ブーム」さえ生んだ。つまり、覚えて「できる」ことが第一であり、考えて「わかる」ことは、ないがしろにされたのである。

しかし、PISA調査のねらいは、日本で受けとめられているこのような古い「学校知」とはまるで異なっていた。社会・経済構造のグローバル化が急激に進展した現代の世界にあって、青年がこうした変化にいかに対応できるのか、OECDは、そうした市民としての人材養成の重要性から、一九八七年以降、「INES (International Indicators of Education Systems)」という教育システムの指標を開発する研究チームを立ち上げてきた。このINESが教育評価の新たな視点を打ち出している。それは、①学力とは認知主義的な知識や技能のみならず、教科横断的力量をいかに育成するのかが重要であり、②非認知的な学習意欲や自己理解、自信などが、生涯にわたって学習しつづける市民的力量の形成につなげる基本である、としている。

こうして到達した学力観は、これまでの「学校知」や「新しい学力観」とは異なるものであり、むしろ、それを乗り越えたものである。ＰＩＳＡ調査報告書の日本語版タイトルが『生きるための知識と技能（Knowledge and Skills for Life）』（ぎょうせい）とあるように、学力とは「人生をつくり社会に参加する力」、つまり、単純な詰め込みの暗記型ではなくて、きわめて文脈的であり、包括的・参加型のダイナミックな〝リテラシー〟を学力として取り上げ、問題にしているのである。換言すれば、シチズンシップの教育であり、子どもを市民としていかに育てるか、「地球市民」の養成こそがその目的なのだ。このことは、実際に問題文を見れば一目瞭然である。文部科学省や全国の自治体が、現在盛んに実施している「学力調査」の問題文とは、まるで別物だからだ。〝リテラシー〟を新聞各紙は「応用力」と訳出しているが、これは適訳ではない。市民として「生きる力」のことを指しているのである。また、「読解力」という訳語もあるが、日本で一般的に考えられる読解力とは別物である。ＰＩＳＡ調査では、「自らの目標を達成し、自らの知識と可能性を発達させ、効果的に社会に参加するために、書かれたテキストを理解し、利用し、熟考する力」であると定義している。「科学的リテラシー」も「数学的リテラシー」も同様に、日本で考えられてきた意味とはまったく異なっている。

教える量の増大化、難問化は学力を上げるか

第二には、教える内容を増やしたり、難しくしたりすれば学力が上がるのではないかという、狭い経験主義的な錯覚に陥っている点である。これまで、「学習指導要領の内容が三割削減されたために学力低下をきたした」、だから削減分の復活が必要だ、などと繰り返し主張されてきた。その結果、新学習指導要領が開始された二〇〇二年の秋には、すでにカットされた領域を中心とした「発展的学習」の教材が完成した。二〇〇五年に明らかにされた新中学校教科書（二〇〇六年度から使用）でも、「発展」として次々に復活を遂げページ数も厚くなっている。学力向上のためにと、わざわざ旧指導要領下での古い教科書を使用している私学すら存在する有様である。時代錯誤もはなはだしいと言わなければならない。

また量の増大化のみならず、内容を難しくしさえすれば、子どもたちの学力が向上すると思い込んでいる向きも少なくない。したがって、二〇〇四年三月に検定結果が発表された小学校の教科書では、「発展」として、台形の面積の公式や桁数の多い足し算やかけ算が復活した。国語では「文語調の文章」など難度も高くなっている。

中学校では、理科の場合、元素の周期表、イオンの概念と性質、遺伝の規則性、生物の進化、質量と重さの違いなど。数学では、不等式、円に内接する四角形、接弦定理など、さらに、理科ではフレミングの左手の法則、陽子や中性子、ブラックホール、ビッグバン、ＤＮＡの分子構造など、もともと高校で学ぶ内容まで加えられた。

しかし、このように教える量を多くし、難解にすればするほど学力が向上すると考えるのは根拠のない錯覚にすぎない。「七・五・三現象」（教科書を理解できる児童・生徒の割合が小学校七割、中学五割、高校三割）の解消のために量を絞り込んでしっかり基礎・基本の力を養成しようと

「ゆとり教育」による削減が行われたはずだ。にもかかわらず、このような単純な復活は朝令暮改のそしりを免れない。

これでは実際に「七・五・三現象」が解消されないばかりか、もっと深刻な事態が起きている。すなわち、大人になってからの「学力の剥落《はくらく》」現象である。ＩＥＡ（国際教育到達度評価学会）の調査では、数学と理科は一九六四年から八一年にかけて、常に一位ないし二位で日本の「学力」はトップを保持していた。ところが、かつてのような「受験戦争」による暗記型、トレーニング中心の「学校知」をどれだけ詰め込んでも、生きる力としての学力にはつながっていなかったことが判明したのである。というのはこの子どもたちが、大人になると見事に学力が剥落し、世界最下位にまで落ち込んでいたからである。すなわち一九九六年にＯＥＣＤが行った先進一四カ国の一般市民の「科学的知識」「科学技術に対する関心」調査では、日本は一三位、一四位と最下位の結果であった。また、この五年後の二〇〇一年の調査でも、「初期の人類は恐竜と同じ時代に生きていた」といった説明について、〇か×かを問う科学の基礎知識テスト（一八歳から六九歳の二〇〇〇人の市民対象）において、全一〇問に対する正答率は五一％で、日本は一四カ国一二位であった（図Ⅲ-1）。

日本ではこのように大人世代の「学力の剥落」＝「大人の学力低下」現象は、以前からみられており、構造化していたのである。今、またその誤った道に戻ろうとしていることを考えると、今日の学力向上対策は、過去の教訓を生かそうとしない、あまりにも稚拙な対策と批判せざるを

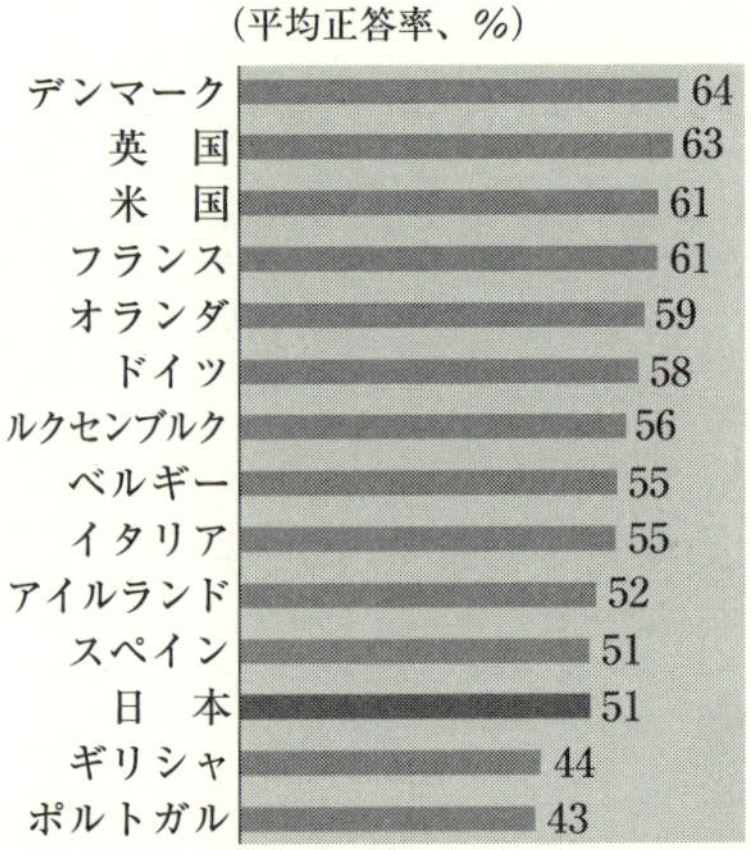

図Ⅲ−1　科学の基礎知識への理解度

えない。学びとは、問題の量の多少や難易度に重きがあるのではない。基礎・基本の中にもＰＩＳＡ調査が目的とするように、いかに分析力や統合力、論理力を発揮し、実生活や社会を豊かに発展させる力を身につけることができるかどうか、市民としての力量の形成が問われているのである。単純にかけ算や九九《くく》のトレーニングを積んだり、そのことによって脳を刺激し「頭をよくする」ことをしても生きる方向は見えてこないのである。

授業時間数を増やしても学力は上がらない

第三には、授業時間数を増やせば学力が上がるという錯覚である。これには、まったく根拠がない。わざわざ「学校の授業時間に関する国際比較調査」（国立教育改革研究所、二〇〇三年三月）の結果などを用い、たとえばアメリカやフランス、イギリスなどと比べて日本の場合、いかに授業時間が少ないかということを主張する見解もみられる。しかし、こうした主張で取り上げられている「先進国」は、ＰＩＳＡ調査の結果では、フランスが一六位、アメリカが二八位、イギリスは調査実施率が国際基準を満たしていなかったために、分析から除外されており、いずれも日本の六位より学力順位ははるかに劣るのである。つまり、比較する意味がまったくないのである。反対にフィンランドは、日本より授業時間が少ないにもかかわらず、成績はトップとなっている。つまり「国際的に比較」しても、授業時間数と学力との間の明確な相関関係は証明できないのである。それにもかかわらず、これらの無責任きわまりない論調によって、日本の学校現場は授業時間増を余儀なくさせられそのために大変な事態に追いつめられているのである。

公立の小・中学校でも、放課後に補習を組んだり、多くが夏休みを一週間カットしたり、ひどい公立の小学校では、一日も夏休みをとらなかったり、二学期制に移行（全市町村の一一・三％）したりしている。またゼロ時間目や七時間目・八時間目を特設し、一日七〜九時間もの授業を実施している高校や、本来は九月一日に行われていた二学期の始業式を八月一七日にまで遡って始めたり、定期試験期間中でも、テストの終了後に弁当持参で、六時間目まで授業を行ったりしている中学校が全国には多数ある。遠足や生徒会行事、文化祭、映画会、演劇鑑賞会など学校行事が授業時間数確保のために削られるのは、いまや当然視されている。中学一年生の一九九四年度の学校行事の年間平均時間は、八三・一時間。これに対して二〇〇二年度は、七〇時間未満しか実施しなかった中学一年生が七四・一％となり、減少傾向がはっきりしている（文科省調査）。

文科省による「年間の総授業時数」調査（二〇〇二年度）では、同省の定めた「年間標準授業時数」を、平均で三〇時間も上まわった小学一年生が、全国の七三・五％、中学一年生では、三一時間超が三五・二％にも達している。かつての私の現場実感では、八〇％から九〇％達成できればよしとされてきた「標準」に対して、小一でも八九・三％がそれを上まわっているというのである。

授業時数確保のための取り組みでは、一コマの授業時間数を増やしている小学校が四四・三％（中学校一八・七％）、学校行事の精選・見直しが同八八・〇％（同八七・九％）、一週間の授業のコマ数を増やしているのが同三七・七％（同四六・七％）、夏休みなど長期休みを減らしているのが同一・九％（同三・一％）となっている。驚くべき時数へのこだわり方といえる。年間の総時数が、ただの一時間不足しただけでも始末書を書かされたという学校すら出現している。また、学校五日制に対する否定的な意見をもつ親は、三九・三％（日本ＰＴＡ全国協議会調査、二〇〇四年秋実施）にも達している。社会全体が子どもたちの学力向上のためには授業時数が多いに限るという根拠のない信仰に陥っているのだろうか。

競争では学力は向上しない

第四の問題点は、学力は競争させればさせるほど向上するという錯覚である。経済活動における成果主義と結びついた学力「競争」が現場を支配している。すでに多くの自治体では、独自の学力調査を実施している（市区では三九％、町村では二五％の実施率。東京大学大学院教育学研究科基礎学力研究開発センター「市区町村の学力向上施策に関する調査」。二〇〇四年末から二〇〇五年一月にかけて、全市区町村対策、回収率四五％）。しかも、問題作成は民間委託が市区で七割、町村では九割という。これで、どうして自分たちが教えた授業の成果を責任を持ってはかれるというのだろうか。また結果については、東京のように、全区・全市の順位を発表する自治体すらある。一定の刺激としての競争効果を容認する考え方に立ったとしても、学力テストだけの学校間競争では、学校全体の中身ではなく、目に見える点数だけで評価を競う結果になる。しかも、東京では学校選択制がとり入れられている地域が大半なので、この点数が唯一の公正な比較基準としてひとり歩きしかねないのである。その結果各学校は、本番の全国学力調査に備えて模擬試験を実施したり、「順位を上げる」ことにのみ視野をせばめて特訓を重ねている。「点数を取る」ために、すでにたとえば小五には、小三と小四の計算や漢字の復習ばかりやらせるなどの歪みが、子どもたちを襲っている。校長は教師に平均正答率を上げるための「授業計画」を提出させ、対象教科の授業時数を標準よりも増やしている。また、「答えをテストの解答用紙に書く訓練」や「去年の問題練習」「出題傾向問題のトレーニング」「土・日を使った補習授業」などに子どもたちは時間を割かれ、弊害はすでに次のように深刻な様相を呈している。これでは疲れて、学力も上がるはずがない。

順位を「上げる」弊害ばかりではない。むしろ「下げない」方策は、教室の〝弱者〟たちを直撃している。たとえば、不登校児には学力テスト実施に関する連絡が届けられなかったり、出来が悪く、無回答の子どもの答案用紙は教師が提出しなかったりする事態さえ起こっている。子どもたちにも、点数がとれない子が休むと、平均点があがるのではないかと期待するという歪んだ考えが広まっているようだ。夏休み前から「(東京)都『学力向上を図るための調査』に向けて学習しよう」と題したプリントを全児童・生徒に配布した教育委員会さえある。これでは、二〇〇七年四月二十四日に二九億円も費して実施が予定されている「全国学力テスト」(文科省)が心配である。「わざとカンニングをさせる」「監督教師が正答を教える」「成績の悪い子には欠席をすすめる」など、かつて一九五六～六六年に実施された〝全国学力テストの亡霊〟が、再び姿を現しそうな予感さえする。いや、予感どころか、東京都の、ある区立中学校の学級では男子の四人に一人もが試験当日欠席をするという異常事態さえ発生。教師たちをあわてさせた。

このような事態に陥っても、はたして学力は向上するのか。テストとは、子どもの理解度やつまずき箇所を的確にチェックし、教師も子どもも反省材料として生かし、すべての子どもの学力を向上させるために実施するものだ。このような「本来の学力テスト」の目的に、一刻も早く立ち返るべきではないか。東京都のいくつかの区では、学力テストの問題さえ未公開のまま、正答率が示されるだけである。これでは、第三者がテストそのものの信頼性さえチェックできず、受験した子どもたちのつまずきをケアすることも不可能である。

このような「競争原理主義」は、反教育どころか、これまでの教育理念や思想をことごとく破壊する。〝福祉〟〝セーフティネット〟としての教育効果を経済的、地域的格差によって分断し、差別的な学力、学校、教育格差へと連動させていく役割以外の何物でもない点に注意を払うべきだろう。

四　広がる学力の格差

「見直し」路線が「学力格差」を生んでいる

学力とは何かという定義を避けて、「ゆとり教育の見直し」として取り組まれてきた前述のような学力向上対策は、この三年間で学校にどのような変化を生み出したのだろうか。ここで、一部くり返しになる部分も出るが、重要なのでもう一度整理しておこう。

第一には、授業時数増や、「発展」教材、宿題の詰め込み、百マス計算や小テスト、検定ばかりが実施されるなど、時間的・精神的な「ゆとり」の喪失により、子どもたちのストレスを増大させたことである。さらには、本来計測不能な「関心・意欲・態度」や「心」のあり方まで評価・点数化して、それらの合計点を高校入試の合否判断資料に採用するという異常な事態さえ起こっており（東京都、二〇〇四年度より）、子どもにかかるストレスは深刻である。中学三年生は、常に教師の目を気にし、ますます「よい子」を演じざるをえなくなっている。友だち関係も疑心暗鬼に陥り、イライラを募らせることになりかねない。これでは、精神が不安定になり、「自分らしさ」やアイデンティティの形成が困難に陥る。子どもたちの見えない自傷行為（リストカットなど）や、教師が気づかない生徒間、親子間のトラブルが増えていても不思議ではない。

子どものうつに関する日本で初めての大規模な調査では、小学生の七・八％、中学生の二二・八％、なかでも中学三年生では、三〇・四％もが抑うつ傾向にあり、それらのうち二〇〜二五％は、うつ病であると推定されるとのこと（北海道三市の小学一年から中学三年までの児童・生徒三三三一人からアンケート回収。傳田健三北海道大学助教授、二〇〇三年実施、二〇〇四年一一月発表）。「何をしても楽しくない」「元気いっぱいではない」など、楽しみの減退に加え、「とても悲しい」「泣きたい気がする」「逃げ出したい」など、悲哀感が強いという。これでは、学習意欲の向上どころか、「生きる力」さえ衰えかねない。校内における小学生の暴力行為が、中学・高校では減少しているにもかかわらず、三年連続して増加傾向（「生徒指導上の諸問題の現状について」二〇〇六年九月文科省発表）にあったり、二〇〇五年六月に連続した、「成績が良く」「無口」で「おとなしい」「よい子」たちによる殺傷事件は、思春期の発達に何らかの危機が訪れていることを暗示していると考えた方がよいのではないだろうか。その意味でも学力向上対策は、思春期の発達を促進し保障する方向で模索すべきだろう。全人格的、精神的発達と一体化しない学力論議はその意味でも視野を狭くし、危険きわまりない。

第二の変化は、学力格差を拡大、定着させたことだ。学力向上をはかるための習熟度別授業は皮肉にも、その意図とは正反対に、子どもたちの学力格差の固定化につながっている。第Ⅱ章で述べたように「できない子」は、「できない」なりの満足感、達成感を得ているだけであり、いつまでも「ゆっくりコース」のままなのだ。「発展コース」には容易には進めない仕組みである。

第三の変化は、エリート校の容認に踏み込んだこと。それも国民への奉仕精神旺盛な、鍛えられた、市民のためのエリートを養成するという方向ではない。そこで育成される人物とは、広い社会的な視点を有することのない、「純粋培養」のいわば「囲われたエリート」にすぎない。ライブドア前社長である「ホリエモン」や村上ファンド前代表のような自分本位のエリートにすぎない。

二〇〇六年四月に開校した株式会社（トヨタ、JR東海、中部電力）が設立する中・高一貫全寮制の学園や、二〇〇五年四月から群馬県にオープンしている、国語・社会・家庭科以外の教科はすべて英語で授業を進める小・中・高一貫校（太田市）などはその典型といえる。入学に際して片や三〇〇万円、片や市が税金をつぎ込み「公設民営」と称されている。小学校であるにもかかわらず、月に五万八〇〇〇円もの授業料が必要である。これでは富裕層の、文字通り「勝ち組」のための「囲われたエリート学校」にすぎない。全国の公立学校の児童・生徒の学力向上には一切つながらないのである。

大学への進学者を見ても、いわゆる「よい子」の典型である「学校推薦」組や「指定校推薦」入学者よりも、AO入試（自己推薦）合格者の方が学力も伸びるだけでなく、大学の行事に夢中になって取り組んだり、サークル活動を伸びやかに楽しんだりしている。何もいわゆるエリートコースが幸せにつながるわけではない。別の例では、せっかく難関の医学部に進んでも、四年次の適性検査で問診下手だったり聴診器が使用できないと上の臨床課程に進級できない。余儀なく進路変更しなければならないのだ。人として、学力だけでなく、社会力や人間性こそ大切なのである。

構造的な危機

これまで見てきたように、今日の学力問題への対応策は、人々の生活を階層社会へと導く危険性をはらんでいる。しかも、特定の地域や個別の学校の問題にとどまらない。日本の学校全体が「構造」的に、子どもの能力を早期から分別し、能力に応じたコースごとの授業を受けさせ、最終的には子どもを自己選別させることになるのだ。

「ゆとり」を持たせて、すべての子どもに「できる・わかる」という喜びを体得させ、学ぶ喜びを味あわせようといった、高い理想に燃えた考えや目標は、いまでは現場からすっかり影をひそめている。戦後一貫して大切にされてきた「どの子にもできる喜びを」という考えに対しては、「(教育機会の均等は)生徒・学生の個性や能力を無視した教育内容の均質化を招いた」と日本経済団体連合会が批判している(「二一世紀を生き抜く次世代育成のための提言」日本経済団体連合会、二〇〇四年四月)。「(日本経済が)グローバルに展開される競争を勝ち抜いて」いくには、「トップ層の強化」が必要であり、「個人の能力に応じた教育」という論理のもとに、これまでのように、どの子にも学力を保障する日本の学校理念やシステムは、〝悪しき平等論〟として切り捨てるのである。市場原理に任せた新自由主義教育の改革で、教育の機会や所得格差が広がっているのだ。

これら憲法や教育基本法の基本理念にかかわる部分が今や大きく変質している。「学力低下」論とそれへの過敏すぎる対応過程で、競争原理をテコとした数値に基づく「成果主義」によって、〝差別化教育〟は「完成」の域に達したといってもよい。「戦後五十年、落ちこぼれの底辺を上げることにばかり注いできた労力を、できる者を限りなく伸ばすことに振り向ける。百人に一人でいい、やがて彼らが国を引っ張っていきます。限りなくできない非才、無才には、せめて実直な精神だけを養っておいてもらえばいいんです」（元教育課程審議会会長三浦朱門氏の発言。斎藤貴男『機会不平等』文春文庫、二〇〇四年）。この一パーセントの「エリート」たちをいかに早期に発見し、その能力にふさわしい教育を効率的に与えられるかどうかが重要であるという考えである。そうした考えこそが、グローバリズムに覆われた現代の世界を日本が生き抜くための、人材育成戦略の根幹であると考えるわが国のリーダーたちの思惑は、学力定義がなされず、データのみが科学的論拠であるかのような歪んだ学力論争の「おかげ」で、タイミングよく実を結びつつあるといえる。

教育改革国民会議の提言や、九〇年代後半以降の中央教育審議会の議論、先に見た財界・産業界の教育提言などに目を通すと、すでにこのように差別的で、本格的な階層化社会に向かう「教育の構造改革」の危険性は充満していたのだ。

「学力低下が心配だ」「学力を向上させてほしい」という、国民の間に広がる素朴な不安と要求に乗じて、実際は「選別の教育」の時代に突入することになっている。しかも不幸なことに、学力の「高い」子すら、いま世界が求めている高学力とは逆方向の、時代錯誤的な暗記中心の受験学力の獲得へと走らされているのである。

激しく揺れ動く思春期の子どもたちが、正面から自らの不安と向き合い、自己理解を深め、自信を持って、未来への生き方を発見する。そして、学習へのモチベーションを高め続けていくことができる道筋やそのための力量の形成などは、ほとんど意識されていない。だから、優秀な子どもほど矛盾を一身に引き受けて、体内にはストレスをため込んでいるのかもしれない。そう考えると、おとなしく勉強のできる子どもの犯罪が続くのも理解できる。これでは、これまで文部科学省が主張してきた「生きる力」の育成も危ういものとなってしまう。

市場原理主義が格差を拡大

教育とは何かという原点を揺るがし、憲法や教育基本法の「理念法」にさえ抵触しかねないこれらの「構造」的な教育の「改革」は、現場にどのような影響を及ぼし、新たな問題を発生させているのだろうか。

第一には、これらの教育の「規制緩和」政策が、新たな可能性を引き出している一面、評価しがたい深刻な問題を派生させていることである。自由や創造性、弱者へのケアに対する手厚い保護や支援があればまだよいのだが、結果的には、経済の「市場原理」に基づく「競争」と、しかも教育実践の成果を全て数値に一元化して、その結果を問う「成果主義」が、弱者を切り捨てと、教育の機会均等の原理・原則を崩している。すなわち、教育格差の拡大と固定化を生んでいるといってもよい。

例えば、教育情報に疎くて経済力もなければ、学校を選択する権利を的確に行使することはできない。ましてや、区立や県立の中・高一貫校の受験など、実際に新制度の存在自体に関心を向けられぬほど毎日の生活に追われる家庭にとっては、一考だにできぬことだろう。「公設民営」や「株式会社立中・高一貫校」に至っては、小学校でも授業料が月々五万八〇〇〇円もかかったり、入学時に三〇〇万円以上も要したりする。これでは、例え優れた才能や学力があったとしても、どうして選択する自由などあるだろうか。エリート教育そのものを否定はしない論者ではあっても、富裕層だけに限定された差別的なエリート教育への「自由」化や規制緩和策では、庶民をリードできる真のエリートは育たない。また、国民全体を層としてボトムアップすることも期待できまい。これでは、誰もが疑問を抱かざるをえないのではないか。

また、より深刻な問題は、再挑戦ややり直しのきかないシステムが完成しつつあるという問題である。一度、学力が低いと判断されると容易にランクアップすることは困難なシステムになってきているのだ。これは、習熟度別授業に端的に見てとることができる。

先にも述べた通り、今や習熟度別授業は義務教育の小中学校を覆い尽くした感がある。学力向上のために、できる子はさらに伸ばし、遅れている子の学力も丁寧に回復し向上させるためにとられた方法ではあった。しかし、実際には、それぞれのグループが小さく閉じ、同質の世界で「自己満足」するという状況におかれている。特に学力下位の者たちは、基礎学力もつかず、たとえついたとしても、それが学力上位者のレベルにまで引き上げられる機会はなく、高学力になる可能性はきわめて低い。すなわち学力下位者の「固定化現象」が生じているのである。

このことは、先にも述べた〇〇年実施のOECDによるPISA調査で証明されている。当時学力最下位グループが、全体の二・四%（読解力）にすぎなかったわが国が、〇三年には、国際平均の六・七%をも上回る七・四%までも達していたことが明らかになった。学力トップと言われるフィンランドは、〇〇年も〇三年も、わずかに一%台で推移している。習熟度別授業を廃止し総合的な学習形態を多く採用していく過程で学力アップをはかったのである。日本は、フィンランドとは正反対である。

第三には、情報・経済格差が階層間格差を構成し学力格差を下支えしているという問題である。

これまで、家庭の経済力と学力の相関関係は、日本の教育界ではタブー視され、ほとんどデータを有していなかった。ところが、先の〇三年のPISA調査によって、わが国も国際的に共通した「生徒の社会的背景」に関した回答を初めて得ることができた。表Ⅲ-4の「生徒の社会経済文化的背景」は、「社会経済背景」に加えて、「家庭の学習リソース（五項目）」「家庭におけるクラシックな文化的所有物（三項目）」「保護者の教育的背景（卒業学校段階）」を加え、社会・

表Ⅲ－4　PISA2003が把握した生徒の社会的背景と数字リテラシー得点

（日本とOECD平均）

		家庭の社会経済的背景について		生徒の社会経済文化的背景について	
		日　本	OECD平均	日　本	OECD平均
二つの社会的背景・指標、その上下4区分	下　位25%	505.1	455.5	487.2	439.6
	中下位25%	534.4	493.2	524.4	490.9
	中上位25%	543.0	516.1	549.4	518.6
	上　位25%	567.6	547.7	575.7	554.1
指標1単位当たりの得点変化		23.0	33.7	46.3	44.8

資料出所：国立教育政策研究所編『生きるための知識と技能２』（ぎょうせい）

経済・文化の総合指標として作成されている。

表Ⅲ－４から明らかな通り、文化的なものを加えた総合的な社会階層指標では、ＯＥＣＤの平均格差、四四・八に対して、日本は四六・三と平均を上回っている。指標得点下位二五％の平均が四八七・二に対して、上位二五％の平均は五七五・七と、平均値間の単純差では、八八・五となっている。これは、ＯＥＣＤ四一カ国（地域）の中では、八番目に大きな階層格差を予想させる数値となっている。

また中学二年生段階における通塾率を階層比較しても、階層の高位層では六一・〇％、中位層は五一・六％、低位層では三三・七％と明らかに違っている。さらに、〇四年度の平均学校外経費は、九万六〇〇〇円（文科省調べ）であったというが、この数字の奥には、階層差が横たわっている点を忘れてはなるまい。このように日本の学力格差は、経済格差と大きくかかわっていることは明らかである。学力格差の背景には経済・文化格差が潜んでいるという事実をはっきり見すえることが政府や行政の取るべき姿勢の第一歩であろう。経済格差や貧困問題を避けて、カリキュラムや授業時間問題へ転化することは、また新たな矛盾と苦悩を生み出すだけである。

先述した通り（プロローグ）今や日本社会全体が貧困化しており、ＯＥＣＤが二〇〇六年七月に発表した二〇〇六年版「対日経済審査報告書」によれば、日本の一八歳から六五歳の相対的貧困率は世界第二位である。日本は一位のアメリカの貧困率一三・七％に次ぐ一三・五％で、一九九〇年代半ばの数値は一一・九％であったことから、所得格差が増大してきたことを示している。また、所得格差の拡大を示す数値のジニ係数が〇・三一四で、ＯＥＣＤ平均〇・三〇九をも上回っている。さらに、貯蓄ゼロ世帯は二三・八％（〇五年度）とこれまた急増している。生活保護世帯に至っては、ついに一〇四万世帯を突破し、児童・生徒の就学援助金受給率は、東京、大阪では、四人に一人、最も高い自治体では四割を超えている状況である。

このように経済格差、階層格差は日本全体で進行し、今や教育界を直撃している。

問題は、これらの格差拡大に対して、経済、教育行政が実に無策であるという点である。きめ細かなケア体制はほとんどとられぬまま規制緩和路線をひた走っているだけである。他のデータは、学力格差の背景には、意欲格差も潜んでおり事態はさらに深刻といえる。「関心、意欲、態度」という実態の見えない評価法によって、先の学習指導要領（九〇年初頭）から学力の定着と向上に失敗しただけでなく、今や子どもたちの心からも自尊感情を奪った状態といえる。

Ⅳ　働き方・生き方の格差——ニート問題から見えるもの

一　ニートはごくつぶし？

「フリーターとかニートとか、私に言わせりゃごくつぶしだ、こんなものは」（二〇〇六年三月一四日都議会予算特別委員会）。

石原東京都知事の発言である。氏の毒舌には慣れているので、価値観の違いなら黙認もできる。しかし、ことニート問題に関しては、はなはだしい事実誤認のようだ。今、二十四歳以下の二人に一人が非正規社員化させられ、低賃金と法律無視の劣悪な労働条件の下で働かなければならない。そういう最も困難な労働実態のひとつの象徴的現象としてのニート問題である点を見逃してはならないのだ。だから先の言葉は簡単には聞き流せない。

政府はニート脱出支援の「若者自立・挑戦プラン」など、解決への舵をとろうとはしている。

しかし、ジョブカフェ・キャリアカウンセラーが実施したアンケート結果（二〇〇五年九月）

では、彼らが働いていない最大の理由は、自信がない、行動力不足、コミュニケーション不足、自己分析不足、依頼心が強い、等となっている。すなわち、労働格差をきっかけにして、人として「生きる」中核たる力、メンタルな意欲の領域にまで踏み込んだ深刻な課題を抱えているのだ。「生きる力」としての学力に、重大な問題をかかえている点を見過ごしてはなるまい。そうでないと、今日の学力向上運動のように、競争して数値である得点さえ上げれば良しと錯覚しかねないからである。百マストレーニングでどんなに計算が早くなってもあまり意味はないのだ。

　これに対して、就職のために「もっとも大事な支援」は、行動促進、動機付け、自己分析、不安の払拭、マッチングではないかととらえているようだ。

　実際にニートの若者に接してみると、ひきこもり青年たちとは逆に、困難さの度合いがその質において全く異なっており、軽い点に安堵させられる。社会や家族との接点を完全に拒絶しないので、ニートの青年の方が、生活面においても社会力や精神力においても、実社会や就労に移行していき易いようだ。だから克服に際しては、ひきこもり対策とははっきりと分別したほうが両者にとって有効ではないだろうか。

「働きたくても気持ち空回り」と題した二十二歳のニート男性の声が、新聞に掲載されたことがある。彼は工業高校を卒業し、化学会社に就職。そこで先輩との人間関係に失敗。「精神的にまいった」ので一年半で退職。今度は郵便局の配達アルバイトを開始した。ところが、ここでは服装に関して上司と対立。その対立が影響したのか、懸命に働いてもなかなかよい評価を得られず、結局一年余りで離職した。

「社会や他人ばかりを責めることはできない」「次はうまくいくかもしれない」「世の中には明るいこともあるはず」と、彼は前向きに「再度チャレンジ」を決意するのである。

しかし、だれとでも「仲直り」できるスキルやコミュニケーション能力を獲得する〝自己変革〟抜きに、ただやみくもに労働への〝挑戦〟だけ繰り返しても、状況を打開できるものではない。再チャレンジしてまた失敗すれば、自信喪失がさらに肥大化し、それこそひきこもりになるかもしれない。再チャレンジ自体に、それほどの価値があるわけではないのである。むしろ事態を変革し、他者を信頼できる自分になること、すなわち現在がどんなに欠点だらけであっても、変革の中に生き、未来に向かってキャリアデザインし続けることができる自己を形成することこそが、ニートの青年たちにとって、最も本質的で現実的な課題なのだ。自己肯定感をたくましく豊かに育てることが求められているのである。かつてはどこでも、職場自体が、そのような人格形成の場としての機能を果たしていたのである。

そう考えると、今日の職場はもちろん、学校も地域もメディアも、子ども・青年たちのキャリア形成と人材育成に関してなんと冷たい環境だろうか。他者との競争ばかり強いて、目に見える「成果」を数値や形で性急に求めすぎていないだろうか。

冒頭の「ごくつぶし」発言は、そんな私たち大人社会に向けられた氏特有の問題提起と皮肉であったのかもしれない。

二　ニートの実態分析について

ここでは、教育格差の問題とは一見無関係に思えるニートの問題を取り上げる。たとえ数値的な学力が高くても、そのまま「エリート」として通用するほど人生や社会は甘くない。そういう意味において、一見、学校世界では「勝ち組」に見える高学力をあげていても、その後、働き方や生き方において、現代の雇用状況ではニートや派遣、フリーター、ひきこもりなどにならざるをえない環境にある点を浮き彫りにしたい。同時に、労働格差について解決の展望も考えたい。

日本型ニートとは

さて、この二・三年、急にニートなる言葉が大流行している。それもそのはず、二〇〇三年に、イギリスで使われていた言葉が紹介されたのが使い始め（「諸外国の若者就業支援対策の展開——イギリスとスウェーデンを中心に——」（前）日本労働研究機構、若者政策比較研究会）だからである。

つまりニートとは、イギリスにおいては、一九九〇年代後半からのことだが、卒業や中途退学で学校を離れた後職業生活にも入らず、政府が提供してきた職業訓練も受けないでいる一六歳から一八歳の若者たちの状況を指している。イギリス政府はこれをニート（NEET=Not in

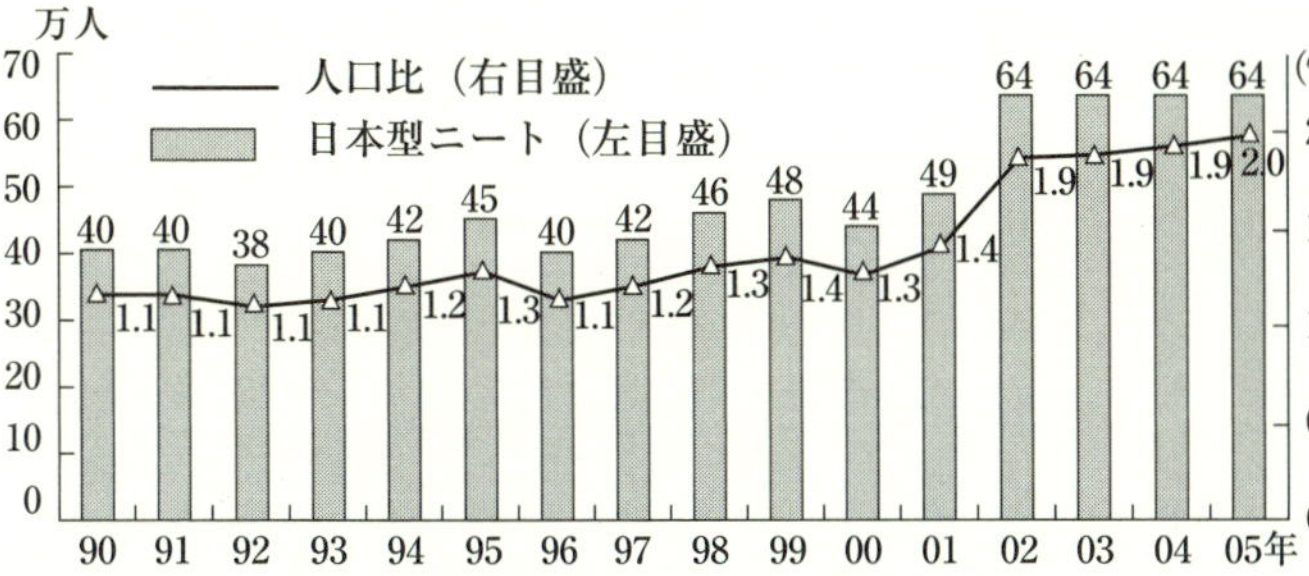

注：日本型ニートは、非労働力人口のうち通学も家事もしていない15–34歳男女。
出所：総務省「労働力調査」（各年）より

図Ⅳ-1　日本型ニート数および人口比の推移

Education, Employment or Training）と呼んだのである。一六〜一八歳人口の九%（一六万一〇〇〇人、一九九九年）を占めるとされていた。ところで、現在のブレア政権下では、ニートを大量に生んだとされるサッチャー政権下の「学校評価」制度や格差の固定化、拡大を促進した「教育バウチャー制」を工夫したり、全廃したりしている。同時に、彼らがＮＥＥＴから脱却するために個人への支援策ＥＥＴ（in Education, Employment or Training）に転換しようとしている。

　日本では、イギリスと異なり、「一五歳から三四歳の独身者で、学校にも行っていなくて、働いてもいない、また求職活動もしていない若者」という定義になる。「労働経済白書」（二〇〇四年）では、「在学も通学もしていない、かつ、結婚しておらず家事もしていない非労働力人口」とし、約五二万人と推定している。しかし、内閣府の推計では、「労働力調査」の方法が「ふだんの状況」で（白書では、「月末一週間の状況」のみ）無業かどうかを判断するためにデータは大きく異なっている。六四万人とされる理由は、これらの違いによるものである。教育的抜本的「若者自立・挑戦プラン」（経済産業大臣、厚生労働大臣、文科大臣、経済財政大臣、〇三年六月）の視点からすれば、内閣府のとらえ方の方がより効果的で抜本的であるといえる。（図Ⅳ−1参照）

また、フリーターはたとえアルバイトやパートであっても、一応働いており、まったく働いていないニートと混同しないことが大切である。労働実態の存否の側面から、ひきこもり問題をとらえると確かにニートの概念に含まれることは間違いない。しかし、ひきこもりの人たちがおかれている精神状況や本人の働かなくてはいけないというストレスを考えると、ニートとひきこもりは分別してとらえるべきだろう。

この日本型ニートが子ども・青年層の働き方・生き方格差として表出しているのではないかという問題意識からニートを分析することにする。学力格差問題とは一体何なのか、そして表面的ではない、学力の二極化に潜む裏の問題を深く考察したいと考える。そうでないと、表面的形式的な学力格差論や貧困化論に陥る危険性があるからだ。

ニート本人の肉声と生活

ではニート問題について、市民はどのような疑問を抱いているのだろうか。私がコメンテーターとして出演したテレビ番組（「とってもインサイト」ＴＢＳ、〇四年一二月一七日）を手がかりに考えてみたい。街角で三〇七人に「ニート」についてどう考えるか聞いたところ、次のような疑問の声が上った。

一位　両親が亡くなったらどうするのか？
二位　将来、何をしているのか？
三位　なぜ働かないのか？
四位　今、一番大切なものは？
五位　自分が人より優れているものは？
六位　どうやって生活しているの？
七位　今後は働く気持ちはあるの？
八位　将来に不安はないの？
九位　どんな条件が整えば、働く気になるの？
一〇位　親に言われて一番腹の立つ言葉は？

いずれも、多くの市民が抱きそうで納得できる疑問といえる。そこで次に、二〇〇人のニート本人に直接疑問をぶつけてみた。私も出演中に、スリガラスのつい立ての向こうに座る、スタジオ出演の五人のニートに直接声をかけてたずねてみた。

「親に言われて腹が立つ言葉は」以下の通りであった。

●「これからどうするつもり」　三二・五％

●「いい加減働けば」　一九・〇％
●「ご近所に恥ずかしい」　一一・五％
●「いい大人がみっともない」　七・五％
●「○○君は立派ね」　七・〇％
●「これじゃ死に切れない」　五・〇％
●「その他」　一七・五％

これではどの言葉をとってみても、本人の胸に鋭く突き刺さり、プライドをズタズタにされる内容ばかりだ。辛い心を受けとめ、その辛さに共感し励ますような言葉は一つもない。厳しく追いつめられた親子関係がうかがわれる。しかしひきこもり家族はこれらとは比較にならない程、もっと困難な状況におかれていることを忘れてはなるまい。

ニートになったきっかけ

では、一体どうしてニートになってしまったのか。彼らは特別な青年なのだろうか。その理由に耳を傾けてみよう。

Aさん（三一）　関西在住　ニート歴二年（男性）

一人暮らし。四年前、自身が勤めていた運送会社が倒産。その後いくつかの会社を転々とするも定職に就くきっかけをつかめないまま体調を崩し、そのままニートになる。月一〇万の生活費は日雇いアルバイト、サラ金でねん出。現在定職につかないのは「定職についたからといって、劇的に生活が変化しないから」。彼女は二年前からいない。ニートになり始めたときに、愛想をつかされ別れた。結婚はしたくないが、子供は欲しい。将来は会社経営を目指す。

Bさん（一九）　関東在住　ニート歴三カ月（女性）

家族と同居。高校三年の時から集団生活がわずらわしくなり不登校に。卒業の単位取得が難しくなったことから定時制の高校に転校。単位を認めてもらい〇四年九月に卒業。しかし、対人関係の問題は解決せずそのまま進学、就職ともにできず、バイトを始めるが、ここでも人間関係に悩み泣く泣く退社し、ニート生活へ。性格的にこうなったのは、両親の離婚とおばの養女に入ったことだと自己分析。現在は通院しながら人との距離を保てるよう練習中。将来は声優を目指す。彼氏は束縛されるからいない。今欲しいものはお金と時間。

Cさん（二三）　都内在住　ニート歴三年（男性）

一人暮らし（親の仕送り）。「働きたくないから」との理由で某有名私立大学に入学したものの、大学へ行く意味に疑問を感じ休みがちになっているところに、ある事件にまきこまれ停学に。復学するきっかけもつかめずニート生活へ。将来は公務員になりたいという希望はあるものの、どうしていいかわからず何もしない毎日を送っている。生活費のほとんどは親の援助。今後は「できるなら今のままでいたい」。

Dさん（三二）　関西在住　ニート歴一〇年（女性）
一人暮らし。短大卒業後、某鉄道会社ＯＬになるも、就職前から続いていた拒食症が原因で体をこわして入院。当時、体重が三五キロまで減少（身長一六四センチ）、その後対人関係も苦手となりニートになる。「外に出るのがこわい」「人付き合いがうまくできない」「決まった時間にごはんが食べられないから」という理由で転職がうまくいかず、ずるずると一〇年経過。生活費は預金を切り崩したり、ネットオークションでねん出。今は部屋を片付けられないことが全ての行動の足かせになっている（何かをするためにはまず自分の部屋を片付けたいと思っているため）。自分が精神的に強くなれば、働きたいと考えている。

Eさん（三三）　関東在住　ニート歴一〇年（男性）
一人暮らし。大学卒業後、メーカーに就職するも仕事上の成果に自ら納得できず退社。転職を繰り返し、最終的に家業を手伝うが、父親との関係性が悪化しこの仕事もやめる。様々な経験から人間不信に陥りニートへ。自分では人間不信の原因の第一を「家庭環境が大きく影響している」と分析しているが、収入のほとんどは親の援助。将来はパソコンを利用して会社を立ちあげたい。今欲しいものは〝愛情〟。

これら五人のニートの自己分析を比較研究してみると、ニートになるきっかけも状態も百人百様であることがわかる。しかし、人間不信や対人コミュニケーションに自信が持てないという共通した特徴的弱点を抱えている。一体それらが何に帰因しているのか、そこを解決のためには明らかにする必要がありそうだ。

働かない理由

では、一体なぜ働かないのか

・夢を達成させるため　二一・〇%
・人間関係に自信が無い　一九・五%
・やりたいことが見つからない　一八・五%
・自分の能力・適性がわからない　一二・五%
・就職できずやる気を失った　一〇・五%
・仕事をする必要がない　三・五%
・その他　一四・五%

これらを親の方では、「子どもがニートになった原因」として次のように分析し回答（二〇〇人対象）を寄せている。

・子ども自身の問題　二八・五％
・不景気による就職難　二三・九％
・親の言動　一九・八％
・学校・職場などの言動　一一・八％
・いじめ　七・六％
・親の離婚　二・八％
・その他　五・六％

両者の回答から、子ども自身の対人スキルや生き方、性格なども共に回復しつつあるとは言え、今日の日本社会の経済不況や就職難、それに親や学校の本人への「言動」も複雑に影響を与えていることが予想される。

全国調査に見るニート問題

では、政府や読売新聞社による全国調査（全国三〇〇〇人対象回収率六〇・八％、個別訪問面接聴取法、〇五年七月実施）の結果はどうか。もう少し丁寧に検討したい。

それによると、ニートの増加に対する「社会の活力低下」への「不安」は「多少」「非常」にを加えると、「感じる」とする者が八〇・九％にも達している。「全く感じない」は、わずかに一・六％にすぎない。「フリーター」の増加に関しては、
①「税収が減り国や自治体の財政が悪化する」（五七・八％）
②「年金や医療などの保険料収入が減り、社会保障制度が揺らぐ」（五七・二％）
③「収入が不安定な人が増え、金欲しさの犯罪が起こりやすくなる」（四五・四％）
と見ている（図Ⅳ―2）。

では、このようにニートが増加する原因はどこにあると見ているのだろうか。複数回答の結果を見たい（図Ⅳ―3）。

「親の甘やかし」「義務感・責任感の欠如」「人間関係不全」が上位に挙げられている。

これら親たちの見解に対して、当人たちは、なぜ「求職活動」をしたことがないのだろうか。〇三年の厚生労働省の「若年者の職業生活に関する実態調査（無業者調査）」では、図Ⅳ―4のように、先のTV番組による調査結果と見事に重なっている。つまり、自信喪失と自分の将来に対するキャリアデザインを描けない悩みや迷いからである。

これを先の読売新聞社調査の「あなたにとって、働く目的や理由は何ですか」と比べると、時代の相違は明らかである。働いている人のベスト三は以下の通りである。

①「収入を得るのに必要だから」（七九・八％）②「生活に張りを持たせたいから」（三五・七％）③「社会の一員としての務めだから」（三三・七％）と続く。現代のニート青年と比べる

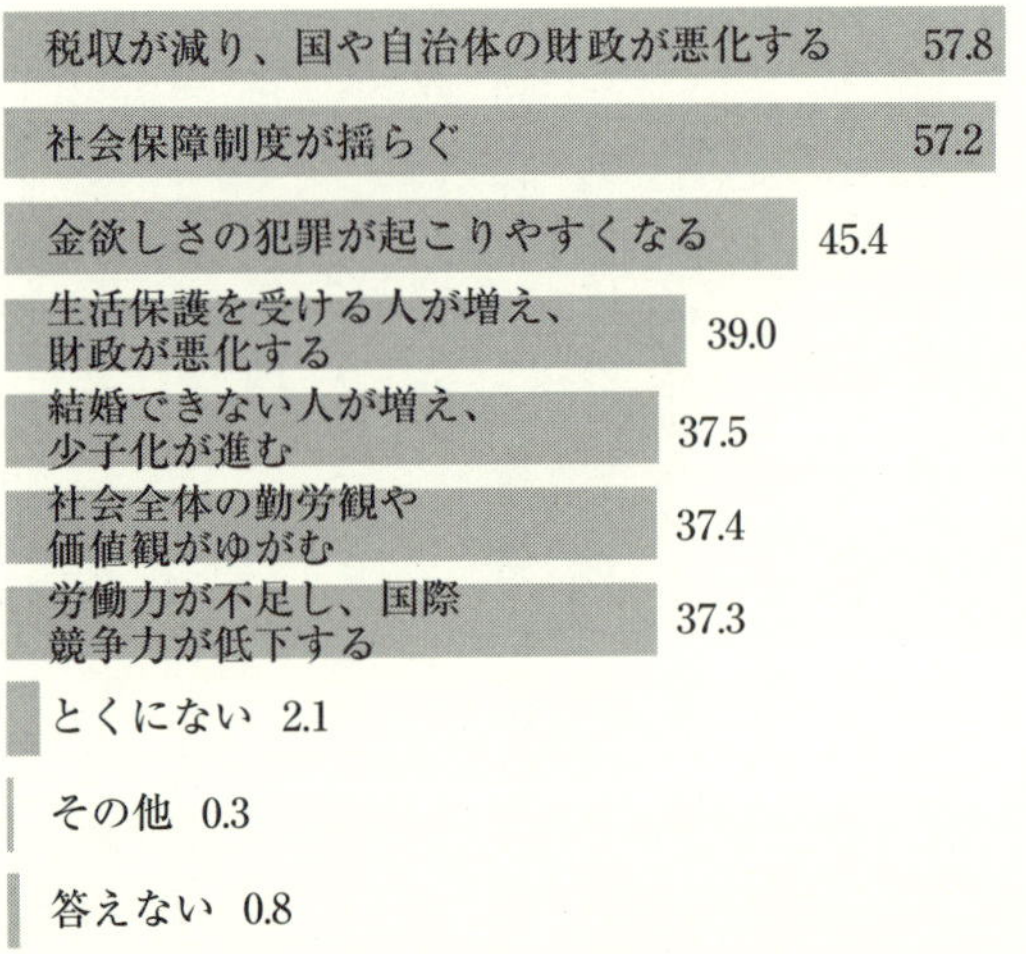

図Ⅳ−2　ニート、フリーターの増加が及ぼす社会への影響（数字は%）

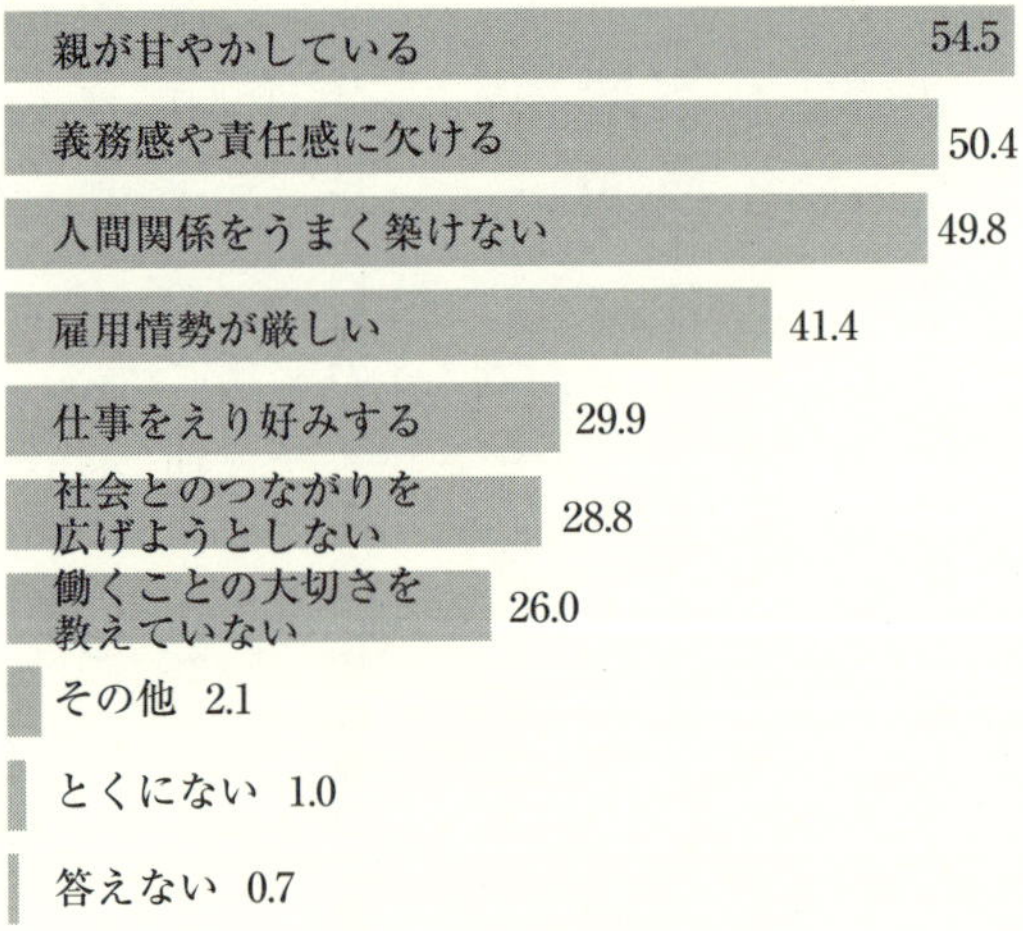

図Ⅳ−3　ニートの増加要因（数字は%）

と、いかにも生活臭と道徳律が鼻につく。

ところが、「仮に、今、仕事や職業を選ぶとしたら、どんな条件を重視するか」との問いに対しては、次のように回答している。

・仕事が安定していて失業の心配がない　五〇・七%

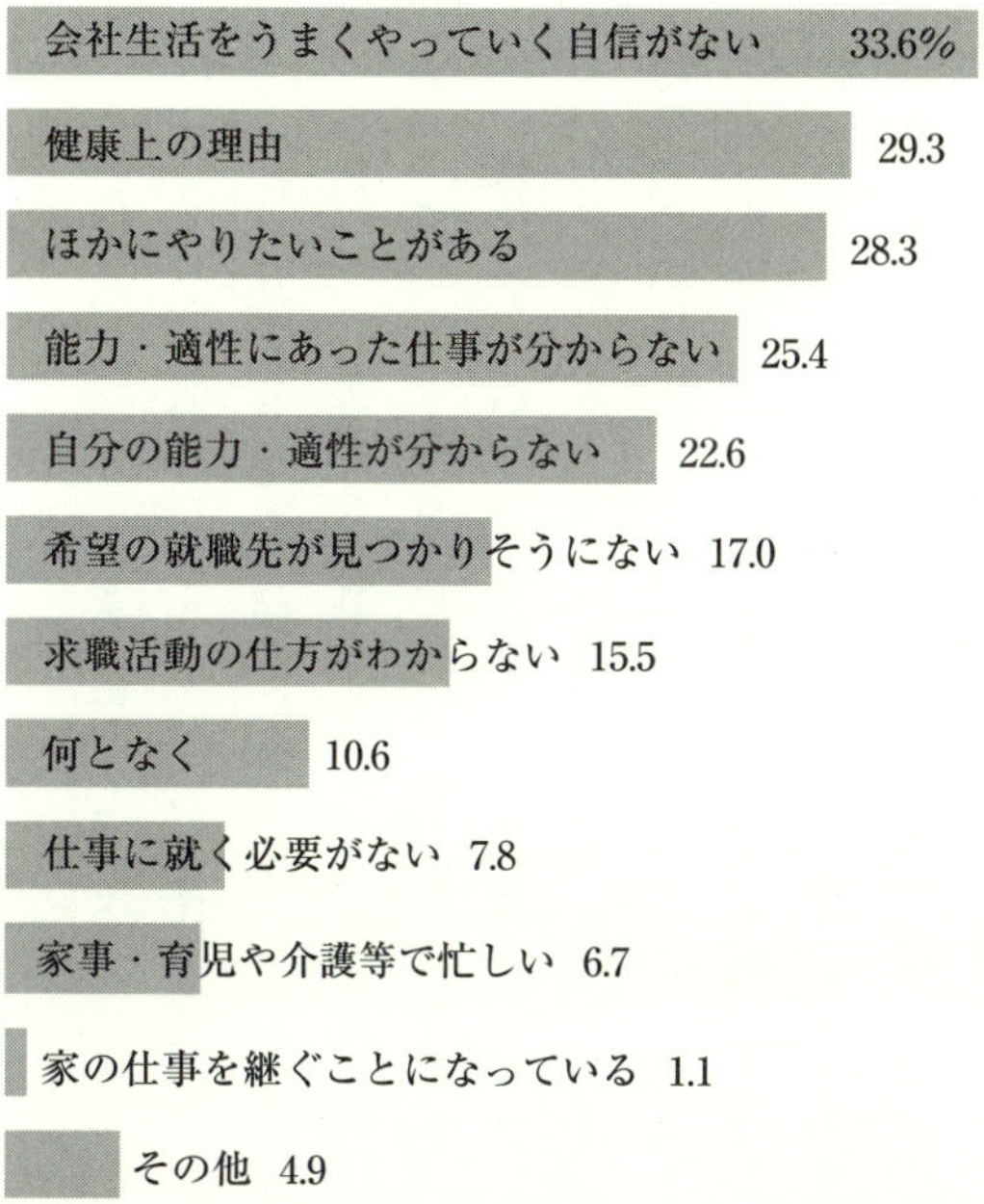

図Ⅳ−4　「無業者で求職活動経験がない者の求職活動をしたことのない理由」

・高い収入が得られる　二七・九%
・仕事以外の自分の時間を持てる　三〇・〇%
・世の中のためになる　一八・〇%
・社会的な評価が高い　九・〇%
・自分の才能や能力を生かせる　四二・一%
・やりがいや面白さがある　五三・四%
・安全で健康を害さない

二五・九％
・その他　〇・二％　・とくにない、答えない　二・六％
一見してわかる通り、「やりがい」や「仕事の安定」「自分の才能・能力が生かせる」など、今日のニート青年と共通する傾向にあることは明らかである。また、「世の中のためになる」（一八・〇％）や「社会的な評価が高い」（九・〇％）は、いずれも低く、現代という時代状況や価値観の下では、ニート青年たちはある意味ではきわめて〝常識人〟なのであって、けっして特殊な価値観を有しているわけでも生き方をしているわけでもないようである。

今、経済界のみならず、教育界（学校）まで含めて、大流行している成果主義に対しても、意外に冷めた国民の眼差しが感じられる。

「年齢や勤続年数よりも、個人の能力や業績を重視して、賃金や地位に大きな差がつく、いわゆる「成果主義」を取り入れる企業が増えている。あなたは、こうした動きを、好ましいと思いますか、好ましくないと思いますか」という問いに対しては、「どちらか」も含めて「好ましい」と答えた者は、六四・二％、「好ましくない」は、三一・〇％である。ところが、実際には不信と不満が渦巻いているようである。このツケは、相当大きなものになりそうである。「あなたは、一般的に、「成果主義」は、各個人の働きぶりをきちんと評価できていると思いますか、そうは思いませんか」と問われると微妙な変化を示す。はっきり「そう思う」は、七・五％にすぎない。きちんと評価する者も三〇・五％。これに対して「そう思わない」は、六一・九％にも上っている。本音と建前のズレの大きさがかい間見える。
日本人の労働観については、これまでの「日本人的勤労観」の座表軸そのものが狂い始めているようである。「日本人の勤勉さは今後も続くか」という問いに対しては、ちょうどバブル崩壊期で交叉（図Ⅳ-5）していることがわかる。つまり確実に「変化」を示しているのである。

何をして過ごしているのか

では、ニートの彼らは、どのような一日の生活リズムを刻んでいるのだろうか。これも百人百様だ。例えばAさん（女性一九歳）の場合は、朝は九時に起床。朝食をとる。パソコンは起動させ放しになっていて、夜九時すぎまで特にやることがないとパソコンをいじっている。この間、二時ごろ昼食、夜七時すぎには夕食もしっかりとり、一〇時すぎに入浴、その後一二時にはベッドに入ってラジオを聞きながら眠りにつく。つまり、働いていないだけで、家庭生活のリズムは確立している。これも彼女がニート歴三カ月と、まだ日が浅いためかもしれない。

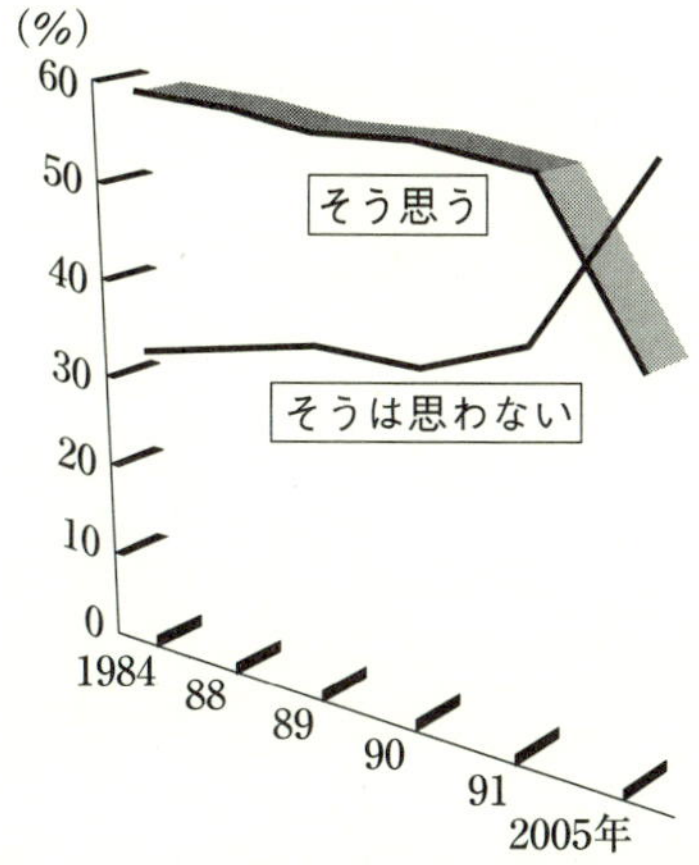

図Ⅳ-5　日本人の勤勉さは今後も続くか

ところが、ニート歴三年のCさん（男性）になると生活ぶりは一変する。なんと二四時間「ドラクエ」に没頭。その間「ときどきトイレと食事」のみと言う。眠くなれば寝て、目が覚めれば起きる。こうして朝も昼も夜もなく、ドラクエの世界に入りこんでいるのだった。

こうなると脱出には、極めて大きな困難が伴う。

ニートになったそもそものいきさつにまで戻って、丁寧に心に元気をみなぎらせてくれる伴走者が不可欠だろう。

ニートは増加する

「NEET（ニート）人口の将来予測とマクロ経済への影響」（第一生命経済研究所〇四年一〇月二一日）によると、ニートは二〇〇〇年の七五万人から二〇一〇年には、九八万四千人、二〇年には百二十万二千人に達する見通し（図Ⅳ-6）だという。総務省の国勢調査をもとに、十五歳–三十四歳の非労働力人口から、通学と家事手伝いを除外した人をニートと見なした予測数字である。むろん、人口推移やニート増加率が現在と同じで、政策的対応も特にないものと仮定した上での数字だ。ここまで増加率が高くなると、経済に与える影響もはっきりと出してくる。

生涯資金の総額は、ニート歴一〇年の場合は半分、〇三年の個人消費はニートによって、〇・二六%押し下げられたと推計している。〇年から〇五年の潜在成長率も〇・二五%下押しされると見られていた。

政府が近年ニート対策に本腰を入れ始めた理由には三つある。一つは、先述のように日本経済全体に及ぼし始めた影響の大きさを認識し始めたこと。二つは、厚労省として調査したら、〇二年の四八万人から、〇三年には五二万人にも増えていた増加率の大きさの問題である。三つめは、社会を不安定化させ、未婚化、少子化などを深刻化させた点である。

ところが、いったんニートに陥るとそこからの〝脱出の困難性〟がニート問題の最も深刻な側面である。図Ⅳ-7から明らかなように、ニートの年齢比は五年ごとに上っていくことから明らかになっている。

一九九二年の三〇〜三四歳層は、わずか七万人であったが、〇二年には一六万人へと二倍強も増えている。

ニートの中でも就労未形態が一致するだけでなく、精神面でも多くの苦難をかかえるひきこもりの青年たちはその困難性を最も体現している。

第一には、対人関係である。安心できる所属関係がたたれていることによる困難性の問題である。高校中退者や中卒者がひきこもりの多くを占めているために、高校や大学（専門学校）などソーシャルネットワークが早期から寸断されている。したがって、すでに見てきたようにニート期間が長期化しひきこもり状態になればなるほど、社会的、家庭的な孤立化は一層進行し、短期間のアルバイトさえ半日で首になるほど社会性や対人スキルが崩落している。働く意欲やスキル以前の課題として、社会性の再構築を事前に完成させておく必要が生じている。

明白な生き方、つまり働き方格差も発生するようである。ある意味で生涯にわたる格差の固定化現象といえる。

第二には、自信喪失、自己肯定感形成が困難であるという問題である。これも先にデータを見たように、自分の生き方・働き方がわからないだけでなく、「就職活動」で何度も失敗し、自信喪失や自己否定感情が心を大きく占める問題が潜んでいる。今日の小・中・高・大における未成

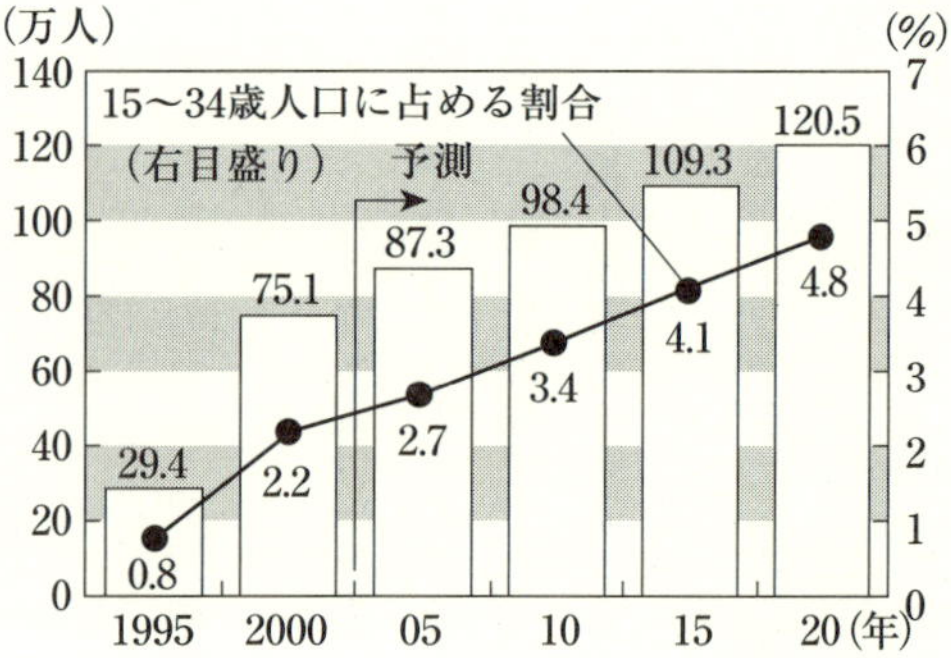

注）第一生命経済研究所試算

図Ⅳ-6　「ニート」人口の将来予測

（15～34歳）

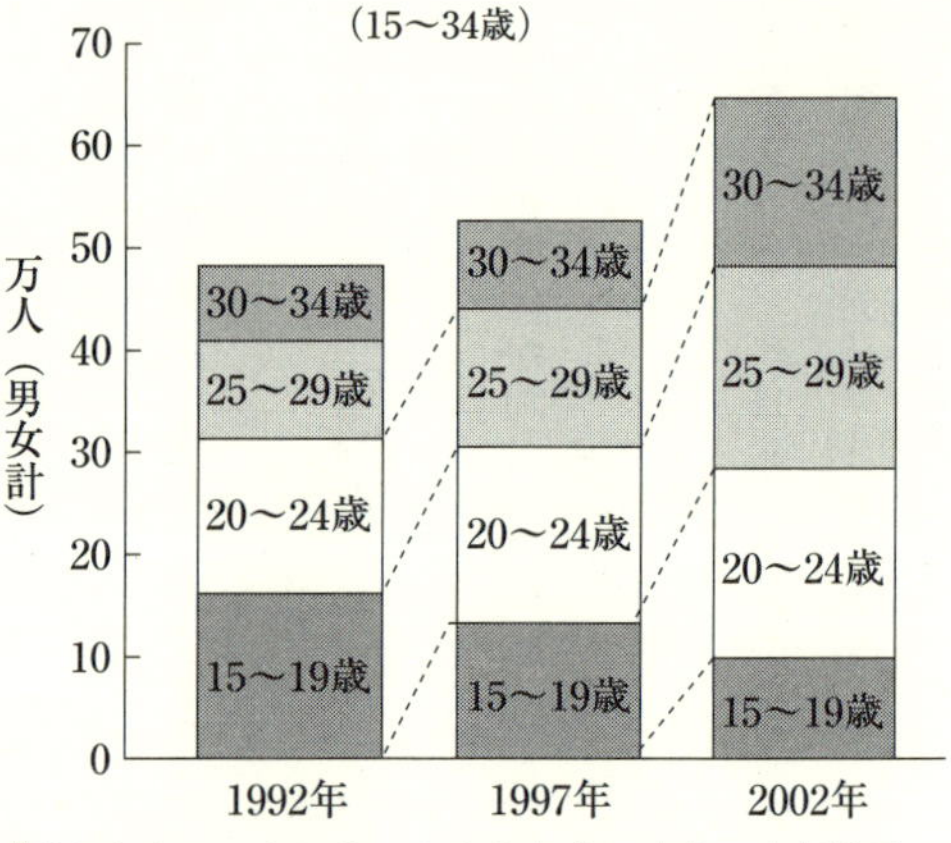

『子どもがニートになったなら』玄田有史・小杉礼子・労働政策研究研修機構、NHK出版より

図Ⅳ-7　ニートの年齢構成の変化

熟なキャリア教育の実態をふり返るとうなずかざるをえない。

第三には、日本の産業界、労働界の不況に基づくリストラが吹き荒れて生じている現実的な問題である。アルバイト（フリーター）は労働条件が厳しい上に、達成感を持ちづらいという問題もある。

しかも、〇三年六月からようやく、「若者自立・挑戦プラン」（経済産業、厚労、文科、経済財政四大臣）が立ち上がり動き始めているが、きわめて不十分と言わざるをえない。この間、政府が進めてきた「構造改革」によって、大企業のリストラ・不安定雇用路線が拡大浸透し、新規採用時間をかけて人材を育成するこれまでの日本企業の姿勢を放棄して、「即戦力志向」やスキルの高い「中途採用」が増加している。これでは、若者たちが幸いに採用されたとしても、入口で小さな失敗をしても立ち直れないほど傷つき、「立ちすくみ」状態に陥ってしまうようだ。これらは、かつての日本型の雇用形態と比較すると、とても「本人次第」などと片付けられる問題ではないだろう。しかも、対GDP比（二〇〇四年）では、日本の職業訓練費はわずか〇・〇四％にすぎない。ドイツの〇・三二％、スウェーデンの〇・二九％、フランスの〇・二三％と比べるときわだって遅れている。

ニート問題は、一定程度個人の問題であることは否めないが、同時に若者を取り巻く学校、家庭、社会（労働）環境の問題でもあるのだ。

雇用の創出、職業・教育訓練の充実、福祉としての労働保障など、総合的展望の下に施策化することが大切といえる。

実態を受けとめつつ、すぐにも国をあげて対応する必要がある。

ネット集団自殺のニートが告発する〝生きる格差〟社会

「ネットによる集団自殺」は、ある意味ではひきこもりやニート青年たちの就職、進学の悩みであり、就労格差が生き方格差に直接絡んで発展したニート問題の本質的現象でもある。

例えば〇四年に発覚した、七人もの集団自殺事件はその典型である。埼玉県の公園展望台駐車場で、十代から二十代と見受けられる男性四人と女性三人がワゴン車の中で練炭を燃やして一酸化炭素中毒死したもの。

佐賀市の無職女性（二〇）は、高校卒業後定職がなく悩んでおり、自宅で長時間インターネットに浸る生活の中で、約一ヶ月前に自殺をテーマとしたサイトをのぞくようになったとのこと（母親談）である。埼玉県の無職男性（二〇）も定職に就いていないことを悩み、一ヶ月ほど前に北海道から東京に職探しのために上京。弟のアパートに仮住まいの身分であったという。大阪のアルバイト男性（二〇）は、二年連続して大学受験に失敗し、家族によると四月から様子が変だったという。インターネットカフェで自殺サイトにアクセスしたようである。埼玉の主婦（三三）と青森県の大学三年生（二〇）については、家族は思い当たるふしはないと言うものの、進路の悩みや「主婦業」にかかわる迷いなどを抱えていたのかもしれない。

進路や就職で困難にぶつかり悩むことは誰にでもあるものだ。しかし、今はパソコンを起動させ、自殺サイトにアクセスすれば、同じ悩みを抱え自殺を願望している仲間にはたくさん出会える。

自分も参加を希望さえすれば、いとも簡単に実行できるのだ。

その意味では、ニートとネットという時代を象徴する両者がマッチングさえすれば、すでに現在でもそうだが、日本はさらに世界に名だたる〝自殺王国〟と化すに相違ない。国の未来に希望が持てない若者が多いだけに、ニートの青年たちの命を守る視点が若者の施策には求められている。また、そのスピードアップも必要である。

これらの集団自殺のニートたちは、学力では「勝ち組」であっても、文字通り「希望格差」（山田昌弘）社会を象徴する「生きる力」では「負け組」の最も悲惨な象徴といえる。彼らには生涯にわたって、たくましく生き抜く力量としての、幅の広い学力、生きて働く学力をいかに形成するのかが問われているのである。ちなみに〇五年度の自殺者は八年連続で三万人を超えている（警察庁調べ）。

中でも二〇～三〇代の若者の自殺は前年比五ポイント以上も増えている。とりわけ三〇代の自殺動機の第一位は健康問題（三二・一％）、第二位は「経済・生活問題」（二九・二％）となっている。三割もが経済苦・生活苦を味わっているのだ。ニートの集団自殺の苦しみが、これらの数字の陰から聞こえてきそうである。

フリーターのゆくえ

一〇代後半から二〇代の青年層、つまり、思春期後半とその直後の若者たちがいま、大変生きづらくなっている。実はこのフリーター問題が、高校生をはじめ中学生、小学生にも自分の近未来の姿として何らかの大きな心理的不安感を与えているのではないかと思われる。いわゆる派遣労働者からパート労働者までを含めて「フリーター」という概念で捉えると、四一七万人にのぼるという数字が、総務省から発表（二〇〇三年）された。そうすると、一〇代二〇代のフリーターも大半が四一七万人のフリーターの概念のなかに入ることになる。一方、厚生労働省は二〇〇万人と発表している。厚生労働省の場合はもっと厳密にフリーターの定義をしているので、このように数字が大きくズレるのだろう。要するに、いまの日本の青年の五人に一人が定職に就かず、フリーターという労働形態をとっているのだ。

むろんフリーターも、積極的な一つの生き方ではある。ただ一九九六、七年あたりまでは、フリーターは今日の若者の自由な「生き方」の一つの象徴であり、「売り」にもなった。ところが、その人たちが五、六年経って、「さあ定職に就こうか」と考えたときには、じつは歳も三〇歳近くになったこともあり、まったく就職口がないという現実に直面したのである。大学院卒の学歴の場合に限って、ようやくフリーターの地位を積極的に行使できるポジションにいるという実態研究もあるようだ。したがって、大学卒、あるいは高卒、とくに中卒のフリーターは、いまや、まったくみじめな状況に陥っている。というのは、定職に就こうとした場合、フリーターの経歴が、逆に足を引っぱり定職に就かせないのだという、奇妙な構造になっているからだ。いま、そういう状況があって、若者が非常に生きづらい、働きづらい。人としての基本的な生活権、労働権、つまり人権が保障されない、保障しにくくなっているという状況が急速に広がっている。

ひきこもりの親の願いとニート

「ひきこもり」というのは、精神的な病ではない。まさしく「ひきこもっている」という状況を示す言葉である。だから、親たちも、治療行為よりも人とのネットワークを求めているようだ。これがひきこもりの大きな特徴である。だから、「ひきこもり」からの脱出に際して、家族にとって必要な支援は、必ずしも高度な専門性を備えた医療や保健施設ではなく、本音で情報交換でき、お互いになぐさめ合い、共感し合い、支え合える仲間なのだ。そして、そのような交流の場を求めているのである。このことは、データにもはっきりと表れている。交流を通して得られる元気や勇気、そして脱出への希望をこそ求めているのだ。

国民年金の保険料免除制度を特設したり、国民健康保険の扶養家族扱いを実行したり、行政による直接的な経済支援や福祉の充実、就労に向けたシステムづくりを急ぐべきだということも見えてきた。

同時に、私たち一人ひとりにもできることがあるはずだろう。「社会的ひきこもり」からの「脱出」のイメージを尋ねたくて、私は「自分や息子や娘が、どうなればひきこもりから脱出で

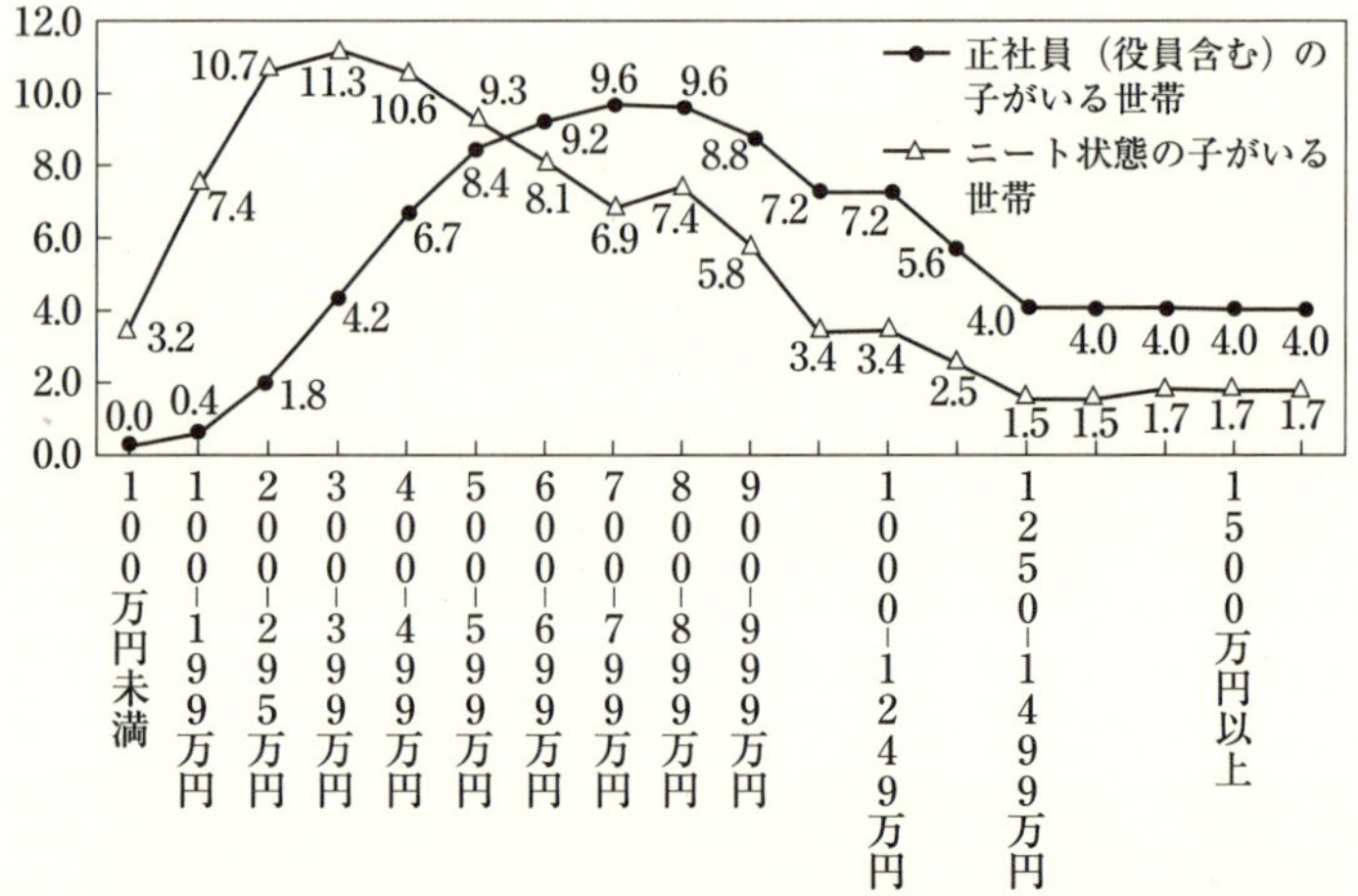

注：日本型ニートは、非労働力人口のうち通学も家事もしていない15-34歳男女。
出所：総務省「就業構造基本調査」を労働政策研究・研修機構で特別集計。

図Ⅳ-8　ニート状態の子がいる世帯と、正社員の子がいる世帯の年収分布

きたと思いますか」という質問項目を設けた。そうしたら、その答えに驚かされた。

「親しい友人関係ができること」が断トツで、六六・八％を占めた。私は、「就労できること」だろうと予想していたのだが、そうではなかった。いかにも切実な課題と思われがちな「経済的自立」は、六〇・二％。「生活的自立」は、五三・二％である。四番目は、「人を信じることができること」で、四八・七％である。いかに対人関係を求めているかが理解できる。

これらは、もちろん「ひきこもり」青年たちに固有の要求ではない。「ひきこもり」の青年や親が抱える苦悩は、実はすべての人が共通に抱えている、

今日的な課題ではないだろうか。ひきこもりの家族が直面している問題への、具体的で素早い対応と同時に、長いスパンとひろい視野をもって、人間同士が豊かな信頼関係を構築できる社会をめざしていかなくてはいけないのだろうと思われる。

このようにひきこもりの家族の声を直接聞くと、いかにニートとは異なっているのか、「ニート＝ひきこもり」ではないことがはっきりする。その意味では、後発のニート論が、ひきこもりをその中に含めてしまい、しかもメディアに乗って急速に流布された弊害は深刻である。

今や行政の窓口にひきこもりの関係者が訪れても、ニートの就労窓口を紹介されるという嘆きまで聞かれる状況である。

また図Ⅳ–8から明らかな通り、ニート状態の子がいる世帯と、正社員の子がいる世帯の年収分布の状況を見ると、二倍以上の大きな開きがあることがわかる。

やはりニート（ひきこもりも含められている）と経済格差には密接な関係が発生していたようだ。

V 「勝ち組」の未来はバラ色か――バーチャルな金融教育の落とし穴

一　義務教育にも株ゲーム導入

小・中学生に株教育

〇六年一月、ライブドアの前社長ことホリエモンが証券取引法違反事件で逮捕された。時代の寵児としてもてはやされていた人物の逮捕劇にメディアが大騒ぎしたことは言うまでもない。ところで、小・中・高でこれこそ時代の先端をゆく教育実践であるところの「金融・経済教育」と称して、意気揚々と「株式学習ゲーム」に力を注いでいた全国の教師たちにも大きな衝撃を与えた。その後、このホリエモンすら手玉に取っていた村上ファンドの前代表までインサイダー取引事件で六月五日に逮捕。まさに、これからの時代の生きる力を育てる教育として注目を浴び始めていた一連の金融教育のあり方について、その生まれと歴史、方向性などについて、じっくり振り返る必要に迫られた。これまでのマネーゲームもどきの教育で、果たしてよいのか、金融界全体も米国型金融万能主義でよいのか、転換を迫られている今こそ導入に至る詳細な経緯の研究と実践分析等の検討が必要だろう。正直言って、義務教育段階での「株式ゲーム」は、現実社会の追認と、金融業界と政治の要求に従ったあまりにも軽薄で意図的実践にすぎないからである。うっかりすると、これだけリスクも教えたのに、だまされたり大損する方が悪いなどと責任転嫁されかねない。そういう本質的弱点を内包した「教育」であるからだ。「勝ち組」をめざす全国の親への一つの警鐘として論じたい。

株教育の歴史

そもそも金融教育なる発想は文科省発ではなく金融庁の発案である。「金融審議会」(二〇〇〇年)において、金融分野における「消費者教育」の必要性について言及したことが発端となっている。〇五年六月の「論点整理」を経て、ようやく同年七月に内閣府、金融庁、日本銀行とともに文科省も「経済教育等に関する関係省庁連絡会議」を設置するに至ったのである。つまり、ついー年程前のカリキュラムにすぎないのである。そして、半年も経つかたたない時点でライブドア事件に見舞われることになる。「論点整理」(〇五年六月)されてちょうど一年後には、今度は金融教育界のカリスマモデル的存在であった村上ファンドの村上世彰前代表が証券取引法違反容疑で逮捕されたのである。

しかし、これでブームが下火になるわけではない。なぜなら「貯蓄から投資へ」という国家的なアメリカ型投資社会化をめざす政策転換に基づいて、今日の金融・経済教育が成立しているからである。

現状はどうなっているか

教材の中心的役割をなす「株式学習ゲーム」なるソフトは「中学・高校生を主な対象として、株式の模擬売買を通じて現実の生きた経済や市場の動きを身近かに感じながら、経済の仕組みなどについて体験的に学習してもらうことを目的」(日本証券業協会 東京証券取引所)として、一九九六年度より日本証券業協会、東京証券取引所、証券広報センターの三団体が中心となって推進してきたものである。(注、二〇〇五年度から組織統合により二団体)そこが実施したアンケート調査によると、参加校は一三五一、生徒は七万一三三一名に上っている。参加校の内訳は、中学校が六八・七%、高校が二四・九%、大学三・八%となっている。一〇〇〇万円を実際に株投資して、そのシュミレーションによって、架空だが利益を得たり、損失を出したりするものである。模擬売買を通して、終了時点で資金含みが一〇〇〇万円を上回ったチームは四三・七%という。これでは、子どもたちは文字通り短期の値上り益だけを追い、キャピタルゲイン(株価変動による売買益)にのみ関心が向くことになりかねない。マネーゲームに陥る危険性が高いといえる。

二〇〇四年度の四二四校のアンケート結果では、このような株式学習ゲームを導入した理由として、「生きた経済・社会を体験でき」（二三・八％）、「生徒の関心を引き出す」（二一・五％）からとする学校が約半数に達している。これらの授業を中学校では、「選択社会」（七九・〇％）「社会（公民分野）」（一六・四％）で行うのが大勢を占めている。これに比して高校では、図V−1のように多彩な科目で実施されていることがわかる。

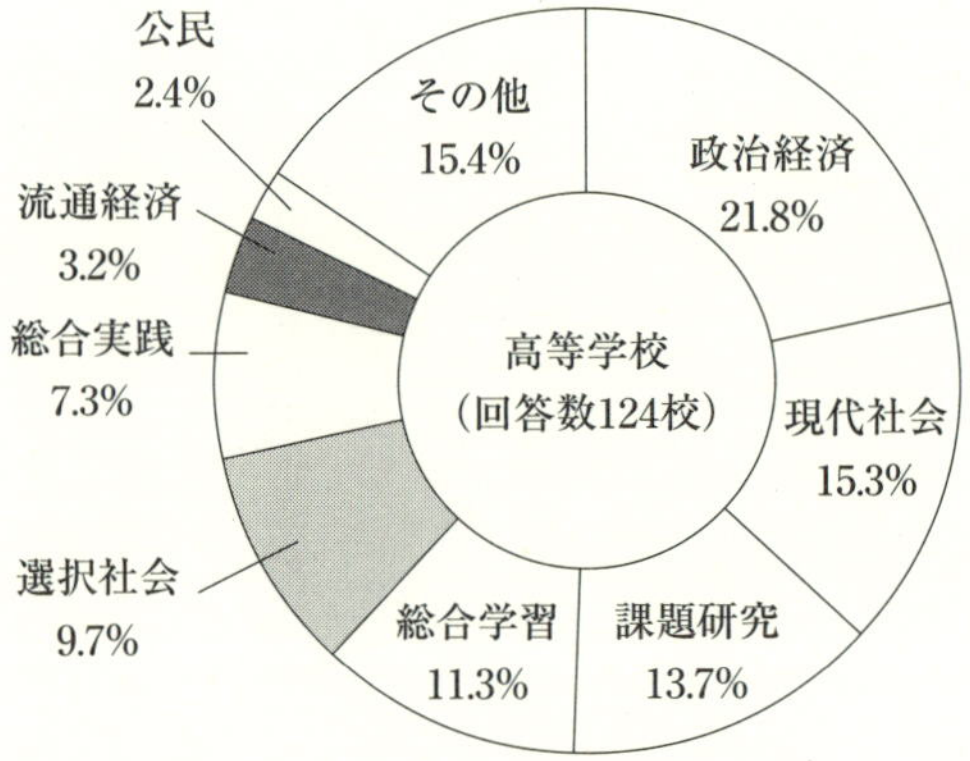

図V−1　実施した授業科目（高校）

生徒の「取り組み姿勢」は「大体は関心を持って取り組んでいた」（四九・五％複数回答）とのこと。では、「学習効果」（複数回答）はどうか。図V−2からわかる通り、おおむね良好と分析したいところではあるが、問題は深刻と言わざるをえない。なぜなら、どのような欄の「新聞」を読むようになり、どのように株式や政治・経済・社会問題に関心を示すように変化したのかが、全く問われていないからである。単に株価の上下の数値ばかり眺めていたのでは、何ら政治・経済・社会問題の学習にはならない。株価の変動にのみ心を奪われ、現象としての政治・社会・経済問題をとら

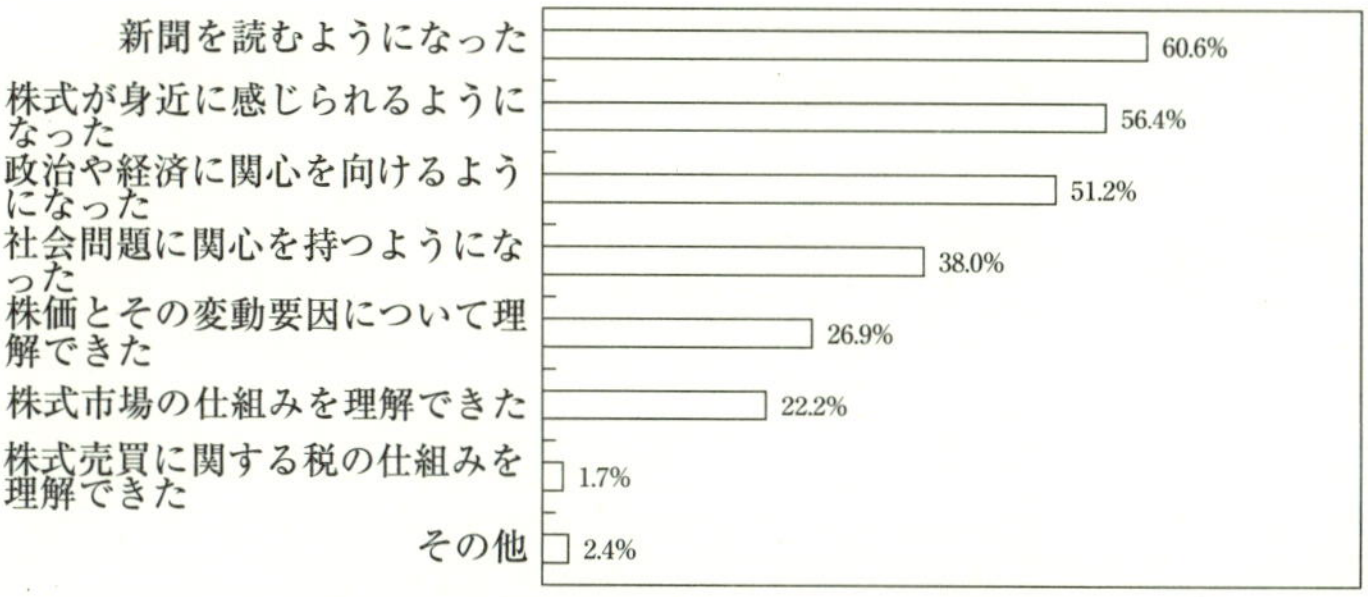

図Ⅴ-2　株式学習ゲームによる学習効果

えているだけだとすれば、邪道もはなはだしいと言わざるをえない。

「今後の参加予定」の質問に対して、「参加するつもり」（八六・三％）が多いにもかかわらず、その理由たるや「株式に興味を持たせ、社会の動向に注目させたい」などと、表面の現象把握にしか目が向いていないことがわかる。これでは、学校における学びとは言えない。

二　破綻した「株式学習ゲーム」

小学生が一〇万円で

ところで、懸念されるのは中・高生だけでなく、ついに小学生までも対象にし始めたことだ。ネット専門の証券会社「マネックス証券」では、〇六年一月六日に「株のがっこう」と称して、集まった小学五年生から中学三年生六〇〇人から選ばれた二八人を対象に、「上手なお金の殖やし方」を教え、実際に一人一〇万円を渡して四月下旬までの三カ月という短期間に、親子で実際の投資を経験しながら、月に一回のリポートを提出させる「投資体験」までさせた。こんな短期では、どうして「株式投資のテクニックを学ぶことではなく、現実の経済や市場の動き」を学習することができるだろうか。明らかにキャピタルゲインになることは火を見るよりも明らかである。「もうけも損も子ども持ち」、社としては、一〇万円の返金は求めないので実損はないと胸を張る。しかし、損がなければ済むという考え方自体、あまりにも教育的配慮に欠ける。経済的自立を遂げていない小・中学生に必要なのは、まず働く意味やその価値について考えるキャリア教育であろう。この観点を抜きに経済・金融教育は成り立ちようがないのである。

蛇足だが、「大人なのにまだ証券口座がないの?」という挑発的・侮辱的なキャッチコピーをネット上の広告で流したことは、口座を一人でも多くの大人にも開設させたいネット証券の思わくがストレートに出すぎていないだろうか。小学校教育の課題を熟考する時、そのあまりの軽薄さにハラハラさせられる。現に〇五年一二月段階では、ネット証券口座数は二七〇万件に達し、二〇代三〇代の比率が五五・四%と過半数を占めていることが判明(日経新聞調査)しており、経験浅い投資家層が投資に走るあまり、価格形成をゆがめているという指摘さえ出ている。

これは「博打教育」か?

次に心配な点は、これでは全く「金融教育」になっていないことである。教育とは、現象や体験を通して、物事の道理や本質を見抜く力を育てることにある。ところが、これは株取引の現場に参加し、マネーゲームの緊張感を味わう「体験学習」に過ぎない。値動きが激しく、それについていくスリルを味わう面白さはあるだろう。だが、本質的な学びの緊張感とはまるで異なる。いわば賭けや博打のスリルや期待感に似ている。大人でも株取引は「行わない」とする人が六八％（〇六年二月内閣府調査）もおり、「株」は決して国民的人気行為ではないのだ。

「株式学習ゲーム」シンポを考える

〇六年二月二五日、「株式の模擬売買を通して現実の経済や社会の動きを学ぶ「株式学習ゲーム」」（シンポジウムチラシより）が実践一〇年を迎えて、「記念シンポジウム」が開催された。主催は、日本証券業協会と株式会社東京証券取引所である。金融庁、文科省、内閣府は後援となっている。

このシンポジウムは、株式学習の総結集だけに、その実態と本質が実に見事に浮き彫りになっている。

〈あいさつ〉は語る――まず、シンポにおける挨拶を眺めてみると、教育現場の教師たちが、いかに誠実で熱心に実践を重ねていても、主催者側の意図にうまく組み込まれているにすぎないことが明白になっている。

例えば、次の「主催者代表」あいさつを追ってほしい。投資家育成が主眼であることがあからさまに語られているのである。

開会あいさつ。主催者代表――日本証券業協会会長・越田弘志

「……わが国では、政策として「貯蓄から投資へ」の流れを着実なものとするために証券界を初めとして各界において広汎な取り組みが行われている。そのなかで、個人の自立した意思決定能力を育む金融経済教育は時代の急務となっている。とりわけ株式学習ゲームのように、疑似体験を通じて、実践的体験的な教育を行うことは、学習効果も高く、教育手法としての重要性が指摘されている。……」

次に内閣府の金融担当副大臣のことばを追ってみよう。

主賓挨拶――内閣府　金融担当副大臣　櫻田義孝

「……いま日本の社会の中では金融にかんすることは「貯蓄から投資へ」が合言葉のようになっておりますが、まだまだ欧米に比べると、なおいっそう努力が必要とされるような金融資本環境ではないか。よく日本は少子高齢化社会といわれていますが、よく、日本人が亡くなるときにどのくらい預金をもって亡くなるのかというと、生活費の一五、六年分貯まってあの世にいくという形であります。欧米人がどのくらい持っているかというと五、六年持っているということで、日本人は欧米人から比べると三倍ほど預金をもってこの世を終わるという数字が明らかになっている。それだけ日本人は欧米人に比べると不安感の強い民族ではないかと、そんなふうに思う。安心、安全というものを求めるのが、欧米人より強い意思を持っているのではないかなとい

うふうに考えています。（中略）

世界一お金がお金を生むというのが苦手でお金の使い方が下手な民族というのが日本人の評価ではないかなと思っていますので、ぜひこういう機会が価値ある機会としてみなさまの手によって、株式の学習ということで多くの人に広げていただけたらありがたいなと思っております。

（中略）

……なぜ金融経済教育が必要なのか。二つの意味があるのではないかと思っています。個人にとっての意味、地域社会や日本にとっての意味という二つの側面があると考えています。

個人にとっての意味は、近年金融商品サービスが多様化して、選択肢が増えている中にあって、当事者意識をもって上手に資産運用をはかることによって、これまで以上に大きな果実をえる機会が拡大をしているということであります。例えば、外国為替証拠金取引、未公開株等をめぐってトラブルが多発していることにみられるように、金融商品のもつリスクにきづかなかったり、騙されて損をしたりする事例もあり、残念であり、数多くそういう事態が発生していることがたいへんなげかわしいことではないかなと思っています。このような現状を踏まえ、国民ひとりひとりが金融や経済についての読み書き能力、いわゆる金融経済のリテラシーを身につけておき、お金をいきいきとつかいながらかしこくたくましく生きていくというのが、以前よりもより大切に求められているのではないでしょうか。

つぎに金融経済教育の地域社会や日本にとっての意味について申し上げたい。日本を含め先進国の経済は経済のグローバル化やIT化を通じて厳しい競争の時代に入っています。そうしたなかで日本が地域社会の活力を保ちながら今後とも健全な発展を続けていくためには、個人や機関投資家がさまざまな金融商品の選択を通じて、事業のリスクの一部を負担しながら、次代（時代）を担う人々や企業にお金を流していくことが従来よりも大切になっているところでございます。すこし大げさにいえば、お金の出し手の方ひとりひとりが幅広い金融経済知識を身につけて自らの判断でお金をいきいきと使っていくことによって、地域社会や日本を変えられる可能性をもっているといえます。（後略）」

最後に閉会の挨拶を眺めておこう。

この間の東証のトラブルなどを詫びながら、今後の若い世代がグローバル化の世界の中でいかに生きのびるためのツールとしての「株式学習ゲーム」を習得するか、その意義について期待を寄せている。

主催者代表、閉会挨拶――株式会社東京証券取引所　代表取締役社長兼会長　西室泰三

「この株式学習ゲームは一〇年やって、のべ九〇〇〇校五〇万人という規模になった。しかしながら、五〇万人という数字は、アメリカでは一年で六〇万人以上の生徒さんが学んでおられる。それが一〇年たってようやく五〇万人ということです。われわれはこれから先、国際的な競争の中で生きていかなければならないという宿命を負っている。そういう意味でこれから先、日

本の若いジェネレーションがどういうツールをもって、学校を卒業できるか、どういうふうなことを学んでいくか、ということについて、私どもとしてはこの株式学習ゲームはひとつの教材としてさらに利用していただければ、まことにありがたいと思っています」

学習成果の低い実態

〈中学生の場合〉

「株式学習ゲーム」感想文について、最優秀賞授賞作品に目を通して驚きを禁じえなかった。「社会の動きを知るきっかけ」と題した中学三年生（東京）の作品なのだが、何とも稚拙で体験記の領域を一歩も出ていないのだ。しかも、指導教師は株価の変動を追ったことが「刻々と移り変わっている社会に、目を向けることができた」と「満足」しているのである。また、シュミレーションで株取引に参加したことで「社会の一員」の実感を得ているのである。これでは、村上ファンド前代表の村上氏ではないが、ゆがんだ主権者育成につながる恐れがないとは言えない。

実際に最後の一部のみ紹介しておこう。

（前略）株価が上がるのには、どんなに小さなことでも、何か理由がある。逆を言えば、普段私達が何気なく行っている、買い物や、発言や、そのほか色々なことが、株価を変動させているのかもしれないのだと思った。

それから私は、株について、社会のこととか、季節のことなどもあわせて考えるようになった。とはいっても、これからは肉まんの季節だからコンビニがいいとか、新作の映画がヒットしそうだから映画会社かなとか、その程度のことだったけれど、一緒にチームを組んでいる友達と考えて、売買注文をした。

思ったほど、変化はなかった。少しだけ上がったり、少しだけ下がったりして、最終的には、一二チーム中一〇位くらいになっていた。

あれだけ考えたのに、ゲーム上の利益は少しだった。実際なら、手数料を引けばなくなってしまう。やっぱり、楽にお金を手に入れることなんてできないんだと思った。

それでも、私は満足だった。株式学習ゲームを通して、自分の周囲の、刻々と移り変わっている社会に、目を向けることができたからだ。そして、私もその社会の一員である。これをきっかけに、もっと社会の動きを知る努力をしたいと思う。


また、指導教諭の「論文の部　最優秀賞」を受けた「今、学校は株式とどう向き合ったらよいのだろうか」（横浜市公立中　R教諭）にも落胆させられる。「株式学習ゲーム」への導入実践として位置付けたワークシートには「〇才《ママ》まで生きる人生収支報告書」とある。模範サンプルは、ある生徒の七五歳生涯収支予想である。収入は「生涯資金《ママ》」五億円と年金一〇年分、支出は「結婚資金」「住居資金」「老後資金」「税金」だけである。肝心の「生活費」すら計上されていない杜撰さである。このようなワークシートに対して、「論文」の筆者は次のように手放しで評価しているのである。

生涯賃金は数値データとしては、大卒で約三億円。しかし、五億円とした生徒がいる。これは間違いではない。この生徒は、添付資料「会社を作ろう」のワークシートから数値データを導き出し、自分で起業し社長になり、バリバリ稼ぐ人生を想定したのである。「社長になるから生涯賃金を多く設定し、豊かな生活を目指す」そのようなところにまで発想を広げていける生徒が出てくる。生徒の発想は実にすばらしい。生涯賃金を考えることと自分の夢を考えることが現実味を持って表現されている例である。

これで中学校の授業と言えるのだろうか。このような、いかにお金が必要か、儲けたいかという意識形成を促す「事前学習」よりも、中学校の社会科の教師の責務は、いかに、多くの人々が平和で幸せに生活する社会・経済活動を創出できるのか、またそのための「企業倫理」「経済ルール」とは何か——などについて追求させることではないだろうか。また、企業の公共性や社会的責任についても熟考させなければ、目先の「利益追求」にばかり目を奪われてしまい、今日の地球環境を守ることさえ困難であろう。

冷静な高校生たち

〈高校生の場合〉

では、高校生たちはどう学び、卒業後それらはどのように役立ったのだろうか。三五分間にわたって研究報告をしたリポート「経済教育の実証的研究」（都立高校A教諭）に基づいて検討したい。

まず「株式学習ゲーム」での実践歴は相当に長いことがわかる。

・手探りでの実践
・アメリカでのStock Market Gameとの出会い
・日本での立ち上げの協力（九五年度の試行）
・本格的実施（九六年度〜〇三年度）
・体系的な知識より体験の重視、発見の重視

〈一年生の場合〉

九月に数時間の立ち上げの時間の確保、スタート、課外での活動

時々にチェックの時間、授業の進行時での関連付け、最終レポートの重視

・生徒の授業アンケートでの評価は高かった（ただし、統計的な計測なし）

次に、「株式学習ゲーム」の教育効果の計測を報告している。内容は以下の通りである。

・卒業生の追跡調査（科学研究費、東証・日証協の助成）…〇五年九月実施
・対象は以下のとおり

九五年度受講生（九七年度卒業生・現在二五歳、社会人四年目）から二〇〇〇年度受講生（〇

二年度卒業生・現在二〇歳、大学三年生）まで八六五名（二七三通回収＝三一・三％）

ここですぐれている点は、現在二五歳の社会人四年目の青年を対象に追跡調査を試みている点である。いかにも誠実であり好感が持てる。その結果二七三通（三一・三％）もの回収率を得て、「課題提起的なもの」を中心に自由記述も公表している。恣意に流れず客観的に考える資料を提供している。この中で、「カリキュラム」などへの要望は次のようになっている（複数回答）。

・カリキュラムなどへの要望は

小学校から一貫した教育を　四三・六％
知識より考え方を重視すべき　七六・一％
大学との連携を　四一・八％
お金をきちんと教えるべき　八七・五％
経済は大人になってから　八・五％
経済より大事な教科がある　二七・六％

特徴の一つは、株取引よりも「お金をきちんと教えるべき」が八七・五％と九割に達していることである。また、「知識よりも考え方」を重視せよ（七六・一％）とふり返っている。「経済より大事な教科がある」とした者も三割近くに上るなど、卒業生の判断力は確かなようである。「株式学習」の効果などほとんど限定的にしか上がっていないようだ。

このことは、自由記述がさらに鮮明にしている。いずれも納得させられる感想や提言、苦言ではないだろうか。

アンケート自由記述より

（1）株の売買を行っているが、高校でならった内容では圧倒的に足りなかった。数学や物理で行った専門的な内容に比べて、浅いと思った。働くことの意味をしっかりとわかってもらえるような授業を期待しています。（二五歳、技術系、男）

（2）複雑でデリケートなお金の問題に実際にぶちあたるのはほとんどの人が社会人になってからだと思います。その時、実践で役立つのは自分の学ぼうとする意欲であり、周囲の人の助けであり、高校の経済教育ではありません。高校の授業内容は忘れてしまったり、教育では実際の人間関係まで教えられません。高校教育でできることは私たちが逃れられないという経済というものに深く組み込まれていったときのために慣れさせることだと思います。経済と関わってゆくここちよさを与えるには、高校生に自分で関わった、考えたという意識を植え付ける授業が大事だと思います。（二五歳、研究、女）

（3）もっと早く資本制度、株式会社制度の本質的意味を教えるべきだと思います。デットとエクイティという区別にはどんな意味があるか、その本質は何なのか、なぜエクイティは資本の部に記載され、デットは負債の部に記載されるのか。投資という意味では同じなのになぜ？

……といった理解をもっと早く得たかった。私は、ロースクールで倒産法を勉強して、債務超過時にエクイティはデットに劣後する、それゆえに平時には株主（エクイティ所有者）の意思が優先される（＝会社は株主のもの）という関係を理解したときに、目からウロコが落ちる思いをしました。新聞をにぎあわせているＤＥＳの意味がわかるなど、ドミノ倒しのように金融に関する理解が深まりました。早いうちに「資本」ということの意味を理解することは極めて重要だと思います。高校生でも貸借対照表の意味が読めるようになるはずです。（二四歳、大学院生、男）

（４）親元で暮らしているうちは限られた持ち金のなかでやりくりする実感がわからない。高校生でひとり暮らしをしている生徒はほんの少しだろうから、なおさらだろう。実感がわく、自分の身に降りかかってくるなどしたとき、学びが自分のものになる。なので、模擬ゲーム等は良い企画だと思う。しかし、重要なのは、経済システムのなかで勝つことを学ぶのではなく、世界視野で経済を見ることだと思う。経済を入り口として現実世界を考え、興味を持ち、何らかの自分なりのスタンスをもてるようになる授業をしてほしい。（二三歳、大学院生、女）

（５）「生きる力」を育む目的もあってか、実践的な授業の取り組みが増えてきていることが良いことだと思う。特に、体験型の授業は仕組み等を目のあたりにすることで自分の学ぶことの意義を得ることができるのではないかと思う。一方で、合理的な思考（損か得かの経済的思考、といったら語弊があるでしょうか……。）を育むことで不合理なもの、感情や良心的なも

のを見失うことがあるのではないかという、一抹の不安があります。（二三歳、事務、男）

（6）将来、何が役に立つ授業か、というのは人それぞれだが、万人に共通して役に立つお金にまつわる話（税金、年金、……）が授業において細かく教えられていないというのは、非常に惜しいと思う。（二三歳、証券ディーラー、男）

（7）経済教育、金銭教育は、非常におもしろく役に立つと考えます。ただ、正直、学生の側から見ると、決して熱を入れる授業という位置づけにはないと考えます。ですから、シミュレーションや疑似体験を行う際の目的の設定や、それを学生に浸透させるところに本当の教育の難しさがあると考えます。つまるところ、小中学生からステップを踏んだ、一貫した経済教育の必要性を強く感じます。特に、今後は自己責任をいいわけに、社会が守ってくれる時代ではなくなりつつありますし。（二三歳、事務、男）

（8）私たちの学年の半分が先生の授業を受けました。私にとってそれは偶然だったけれど、経済という言葉を聞いただけで苦手意識をもってしまう私にとっては幸運なことでした。少しは経済について興味をもって接することができたからです。株式ゲームをやったことで、いままで絶対に見ることのなかった新聞の株式欄に目が行くようになったし、テレビのニュースもそれまで以上に関心をもって聞くようになりました。残念ながら、今は経済についてそれほど関心を持って取り組んでいるわけではないのですが、何かの機会に経済についての話がでてくると、先生の授業を思い出します。誰もがあれと同等のレベルの高い授業を受けられるようになればいいなと思います。レモンのときに、外国では小さいころから経済について学ばせるために経済の絵本があると紹介していただいたように、日本も小学生くらいから学ぶ機会を与えても良いのではないかと思います。小さいうちの方が、頭も柔らかですし……。時間はかかるかもしれませんが、経済教育の充実→日本の明るい将来へとつながると思います。（二三歳、大学生、医学系、女）

（9）先生の授業を受けていた時点では、父も株で割とうまくいっていたようで、株に対してマイナスのイメージを持っておらず、特に授業で学んでいる内容について思うこともありませんでした。しかし、私が浪人中、父が株で失敗し、今では奨学金をもらい、自分で学費を払い大学に通っている状況です。そのため、今になって思うことは、投資に対するリスクについての内容が少なかったのではないかということです。わが家は崩壊寸前まで追い込まれました。そういう事も起こりうるのだということを教えたほうがよいのではないのでしょうか。自分の身に実際に起こらないと理解できない事かもしれませんが。（二二歳、大学生、理工系、女）

以上の卒業生が教えてくれるものは何か。主催者側の思惑とは異なり、彼らが求めているのは、学習としての経済であり、株式問題のようである。単なるゲームに面白さを感じているのではなくて、氏の「レモンをお金に変える法」など、英文をテキストにした経済の基本概念の学習やNHKビデオ視聴など、あくまでも本質に迫る学習領域が好評を博している点を見なければなるまい。
つまり、村上世彰氏の父親のように、小学四年生の時に「もう小遣いはやらん。稼いでみい」と、会社四季報や日経新聞で企業分析にアタック。もらった一〇〇万円の元金を高校卒業時に一〇倍にもしてみせたような、まるで生来のファンドマネジャーを養成することではない。結果的に彼は友人のホリエモンも株主も社会も欺き「お金もうけ、悪いですか?」とマネーゲームに陥ったのである。「株式学習」では結局のところ、博打教育にしかならないということを村上ファンドから学ぶべきだろう。そのような危険性が伴う方法はとるべきではないということに尽きる。

にもかかわらず、ホリエモンのライブドア事件の発生で金融教育へのプレッシャーを感じたのか、「金融広報中央委員会」や「東京証券取引所」は、〝みんなでつくる金融教育〟というキャッチコピーやプロ陸上選手の為末大氏を起用した一面新聞広報「暮らしと社会のつながりを株を通じて親子で話しあえる、そんな社会になればいい」などというキャンペーンを張った。

ちなみに、「みんなでつくる金融教育」は六本の柱から成っている。

(1)金融教育公開授業(「学校でお金のこと勉強したよ」)
(2)金融教育フェスティバル(多彩な有識者と一般の方々が参加・交流)
(3)作文・小論文コンクール(お待ちしています。あなたのチャレンジ!)
(4)全国キャラバン金融講座(あなたの街へ。必ず役立つ、金融知識!)

（5）刊行物・ビデオ・調査レポート（ニーズに合わせ、データ・資料をご提供）
（6）ホームページ〈マネー情報　知るぽると〉（あなたに役立つ情報をわかりやすく発信）

ようやく東大に「金融学科」オープン

ようやく東京大学経済学部に〇七年四月から「金融学科」が新設されることになった（七月二八日東京大学発表）。この金融学科では、金融機関のリスク管理について学んだり、金融派生商品の開発、資金運用に携わっている銀行の担当者などの話も聞いたりするという。

これらの新しい学科が中心となって、小・中・高における正しい意味での金融・経済教育が開発されていくことを願わずにはおれない。

今後の方向と展望

金融経済教育自体は必要である。しかしこの「株式学習ゲーム」は、マネーゲームによる、もうけそのものを競う内容になっている。お金は労働の対価ととらえていくことが大切なのに、義務教育の段階でなぜこんな授業をする必要があるのか。反教育的ですらある。

義務教育課程にとって大切な視点は、同じ金融・経済教育をするにしても、その根本や本質を把握する力を養うことである。実際に取引に参加させることは、金銭的自立を遂げていない子どもへの発達段階を無視しているのではないだろうか。また、現代社会そのものをすべて善として受け入れ、従属させ、適応させる結果にもつながりかねない。よりよい社会の担い手として、主権者を育成する教育本来の目的からすれば、〝邪道〟といってもよい。対処療法的な教育、マニュアル教育でもある。大切なことは生産・販売など額に汗し、知恵を絞って生きる多くの市民の姿から学ぶことである。

人の心を忘れさせかねないマネーゲームや、人生を狂わせかねないリスクの大きい投資訓練などは、非教育と批判せざるをえない。

「株取引を通じて経済・社会の動きに目を向けさせる」のがねらいというが、株価の動きから見える経済は一面でしかない。たとえば、リストラを発表した企業の株が上がることもあるだろう。関心を持たせる手段を間違えれば、発達をゆがめるだけである。

このゲームは、「貯蓄から投資へ」の掛け声のもと、政府がアメリカ型の投機社会へ国民を誘導していく流れの中で出てきたものである。憲法、教育基本法、労働三法など原理原則をしっかりと教えなければ、投機的な株取引が肥大化する現在の株式市場自体を問い直す目もまったく養われないことになる。

よりよい社会を築く主権者をどう育てるのか。このゲームにはこのような教育の基本が見えてこないのである。〇四年度から開始された生き方を考える「キャリア教育」にしっかり軸足を据えたいものである。

これらに比べてもう一つ注意しなければならないのは、杉並区立和田中学校の藤原校長による

「よのなか科」の授業や、商売に挑戦する「キッズマート」の総合学習などとは全く別物だという点である。

流通の仕組みや立地条件の研究、お客の好み、売れ筋の研究、価格の決定、仕入れなどを体験する「総合学習」の場合は、実際に人と対話し、地域に出て体を動かしながら、経済をリアルに学べる。ところが、インターネット上の数字操作だけで「利益」を追い求めさせる金融教育は、文字通り「ゲーム」にすぎず、第二、第三のホリエモンを生み出しかねない。

「貯蓄よりも投資」という政治路線の下、一部の金融証券業界や金融知力普及協会の意図を安易に受け入れるわけにはいくまい。

三月下旬。ある地方紙が「投資教育はどこまで?」と題した一面の特集を組んだ。そこでは、「社会に出れば直面する」と題して、マネックス証券（東京）社長の松本大氏は、「投資に関心がなくとも、社会に出て会社に入れれば、自分の会社が買収されたり、合併したりすることがいつでも起こる時代だ。経済や市場の現実に、いやが応でも直面する。「がっこう」には賛否両論あったが、現状に一石を投じる意味はあったと思う。大人がお金の使い方を分かっているわけではなく、とんでもない使い方をすることもある。日本社会の変化の中で起きたライブドア事件は、一種のあだ花のようなものだ」と述べた。これに対して、私は、「利益出る陰で泣く人も」と題して次のようにコメントした。

「証券業界などが開発した『株式学習ゲーム』を高校時代に体験した若者を対象に、高校の教論が行ったアンケートがある。そこには批判の声が目立つ。『働くことの意味をしっかりわかってもらうような内容にすべきだ』『経済システムの中で、勝つことを学ぶのが重要なのではない』」など、かなり手厳しい内容にした。

グローバル化の中で、日本でも「貯蓄から投資へ」の流れが進む変化もわからないではない。金融や経済の仕組みを学ぶことも必要だろう。ただ、ゲームのようなやり方で進めるのは疑問だ。

先にも述べたが、小・中学生を対象に、証券会社が現金を出して株取引をさせるような例もあるが疑問だ。企業が経営悪化で大量の人員整理をすれば、恐らく株価は上がる。そこに目をつけて仮想の利益を上げることよりも、その陰にどれだけの人が泣き、自分の親がいつそうなるかわからないことに目を向けさせるのが教育ではないか。

国民の大部分が株取引を望んでいるとも思えない。先に公表された内閣府の調査では、成人の六八％が「株式投資をしたことがないし、今後もする予定はない」と答えているほどである。マネーゲームのリスクを大人はわかっていることになる。

ライブドア事件で、同社株を保有して損失を出した学生も多い。そうして損をした人に「自己責任」を教えていく。どこか冷たい気がする。たとえ競争が激しくても、協働や連帯を大事にする社会でないと、発展は望めないのではないか。

結局のところ、「金融教育」での「勝ち組」には、本来的な意味でも現実的にも、深く学習したことにはならず、発展性はないということである。

ここまで述べてきた厳しい現実は、「事実」として受け止めつつも、「勝ち・負け」を超えた、人としての幸せ、共生できる地域や国づくりのイメージをリアリティに富んだものにする必要があるのではないか。そのような〝教養〟や〝問題解決のリテラシー〟こそ今日の学校教育に必要なのではないだろうか。

以下の章で具体的な方向性と展望に迫っていきたい。

Ⅵ　親の要求は「学力」よりも「心」――隠れる本音

はじめに――「学力要求」の真相とは

一九九九年の秋口から始まった「学力低下」論争（寺脇研と苅谷剛彦対論、「徹底討論・子どもの学力は低下しているか」論座一九九九年一〇月号）。私は、この論争には、当初から違和感があった。それは、多くの論者たちが、「子ども」の実態を忘れて抽象的な論争に精力を費やしていたからであった。

しかも、肝心の「学力」とは何かという論議を蔑《ないがし》ろにしており、数値や、競争的成果にばかり注目していたからである。教室ではストップウォッチ片手に、九九の計算スピードを競い、意味や成り立ちを理解することもせず、どれだけ多くの漢字を記憶できるかというトレーニング主義的な学習が持てはやされていたものだ。いつの間にか、「脳科学者」まで動員され、計算や音読は脳を刺激し「頭が良くなる」などと、トレーニング中心の学習効果が宣伝されたりした。「何のための学習か」という、学習本来の目的や意味を忘れてトレーニング自体が自己目的化されていったのである。このような時代錯誤的な学習観が持てはやされ、結局は学力向上対策を口実にした、習熟度別授業の浸透とその結果、必然的に起きる学力格差の拡大・固定化現象が雪崩のように開始されたのであった。このような日本の思想・文化状況は、日本を新たな段階の階層化社会を促すという意味において、歴史的危機と言わざるをえない。

ところで、親たちがわが子の学力について、どのような思いを抱いているのかについては、これまでも多くの関係者が調査を重ね、その実態把握に努めてきた。その結果、「学力低下に不安を抱く親」といった固定化された構図が、すっかり社会全体に「定着」した感がある。確かに筆者のこれまでの調査においても、七割前後の親は学力向上を望んでいた。

ところが、二〇〇三年二月の読売新聞の世論調査結果に注目させられた。

この調査は、親が望む子どもの発達イメージに関して八項目の中から二つ選択する回答形式であった（〇二年一二月二一、二二日全国有権者三〇〇〇人―二五〇地点―対象、回収は一八三六人―六一・二％―面接聴取法五〇代二二％、六〇代二〇％）。ところが、注目を集めて当然と思われた選択肢である「学力をしっかり身につける」は、一九・四％で、何と八項目中最下位に位置していたのである。トップを占めたのは、「人の痛みがわかる人間になる」（五九・八％）であった。次いで、「健康な体を作る」（四九・八％）が続き、子どものトータルな幸せをこそ願う親の隠された心情が浮き彫りにされたのである。

私は、親の要求に添った教育政策と教育実践とは何か、さらに鮮明にするために、読売新聞のアンケート調査の「検証」も兼ねた独自の、「わが子に対する親の願い」の調査を試みることにした。本章は、そのアンケート調査を中心として論じたい。

調査の内容と方法

本調査のテーマ及び内容は以下の四点であった。

（1）学力低下論争の中で、当然のごとく受け止められてきた、親たちのわが子に対する学力養成への願いが、例えば「健康」や「心」など他の成長への願いに対して、どのような優先順位にあるのか明らかにすること

（2）親と学校関係者との間に存在する、学力形成に対するとらえ方の落差は何か明らかにする

（3）わが子に対して親は、どのような人間に成長してほしいと願っているのか、また、将来の姿をどのようにイメージしているのか。それらの理由は何かも明らかにすること

（4）教師は今日の子どもたちの「学力」についてどうとらえているのか。学力は本当に「低下した」ととらえているのか。またその理由は何か。

実施方法はアンケート質問用紙による記入調査である。尾木直樹本人の講演会会場にて実施した。講演会のテーマは、教育問題全般。講演会の参加者に対して、事前にアンケート調査についての告知はせず、講演開始前に用紙を配布し、同じく開始前に回収を行った。実施の時期は、二

〇〇三年一一月〜二〇〇四年三月である。全国九都道府県九ケ所。一〇九六人対象、回収八〇八人（回収率七三・七％）。対象者の年齢については、四〇代が最も多く四一・八％、続いて三〇代が二五・二％で、合わせると全体の七割近くを占めた。ちょうど小・中学生の子を持つ親の世代である。今回の調査目的にはちょうど適した年代対象者と言える。

回答者の立場は、「親」が六〇・八％を占め、「教員など教育関係者」は二五・〇％であった。

アンケートの項目別の考察

（1）わが子の成長に関して願うことは何か

「あなたは、わが子が成長していくにあたって、どんな力をつけ、どのような姿になって欲しいと願っていますか」という問いに対し、以下の八項目から、二つを選択してもらった。

〈選択肢〉
一　学力をしっかり身につけてほしい
二　健康な体と体力をつけてほしい
三　責任感の強い子になってほしい
四　何事にも粘り強く努力する子になってほしい
五　しっかりとした自立心を身につけてほしい

六　社会のルールやマナーなどモラルを身につけてほしい
七　人の心の痛みや辛さがわかる人になってほしい
八　多くの友人に恵まれてほしい

その回答結果は〈図Ⅵ-1〉の通りである。

意外にも低かった「学力」への願い

「人の心の痛みや辛さがわかる人になってほしい」を選んだ回答者は群を抜いており、全体の五七・一％と六割近くにも達している。それに比べて、世論の強い学力向上要求状況から推測すると当然一位だと思われる、「学力を身につけてほしい」という項目は、下から二番目の、八・六％にすぎなかった。これは今日の学力向上一辺倒の教育情勢や、行政の動向を考慮すると、驚くべき数値、要求の低さである。と言うことは、先の読売新聞の世論調査結果は、世論の教育と子育てへの要求を的確に反映していたことになる。

回答に現れた男女の認識の差

この「学力への願い」は、全体では八・六％にすぎないのだが、図Ⅵ-2からもわかるように男性の一五・〇％に対して、女性は六・三％と、大きな性差を見せている。これは社会参加型の

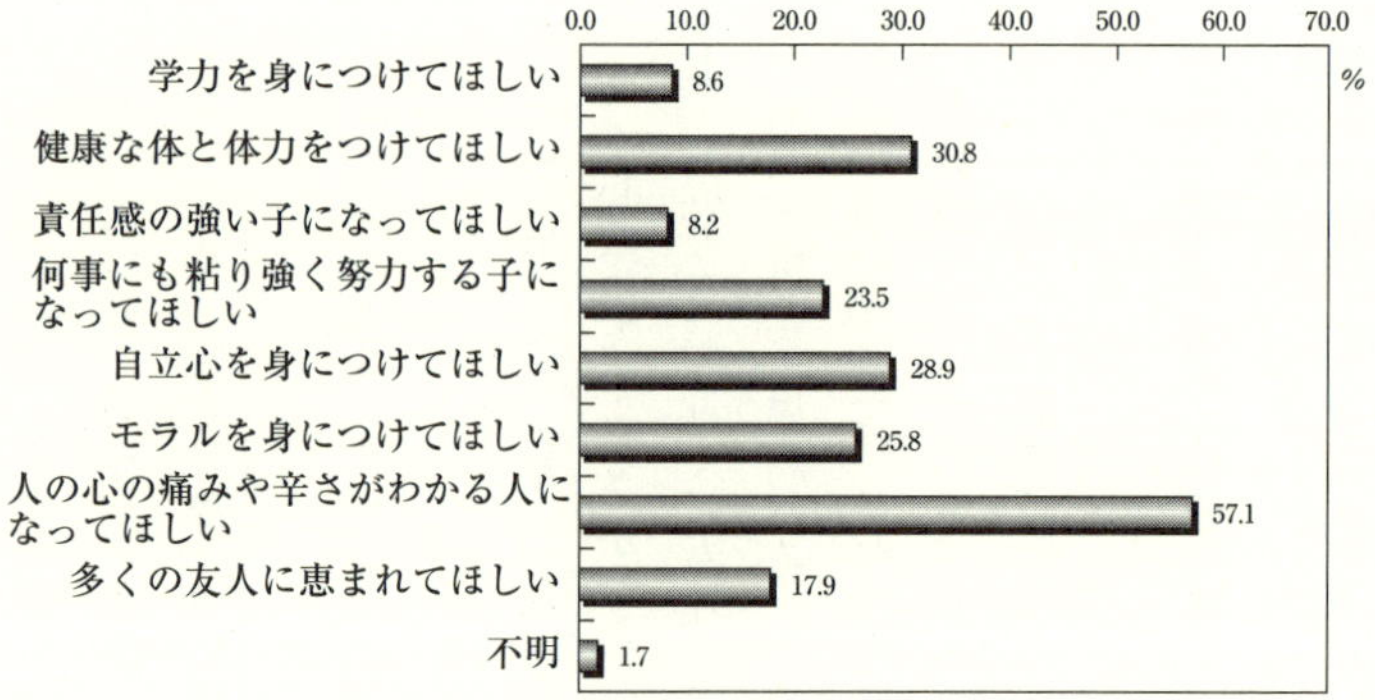
0.0
10.0
20.0
30.0
40.0
50.0
60.0
70.0
%
学力を身につけてほしい
8.6
健康な体と体力をつけてほしい
30.8
責任感の強い子になってほしい
8.2
何事にも粘り強く努力する子になってほしい
23.5
自立心を身につけてほしい
28.9
モラルを身につけてほしい
25.8
人の心の痛みや辛さがわかる人になってほしい
57.1
多くの友人に恵まれてほしい
17.9
不明
1.7

図Ⅵ-1　わが子の成長に対して願うこと

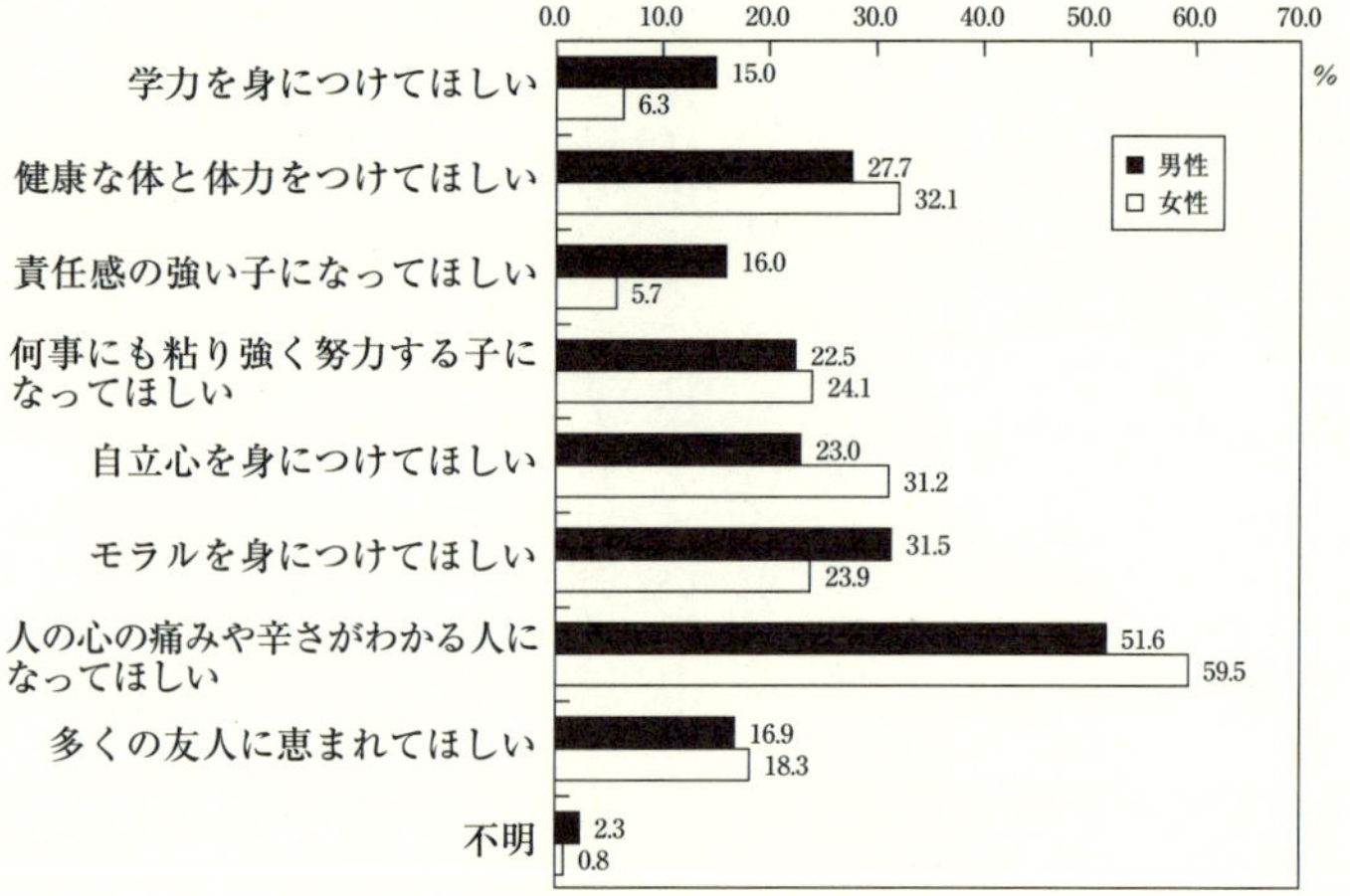
0.0
10.0
20.0
30.0
40.0
50.0
60.0
70.0
%
■ 男性
□ 女性
学力を身につけてほしい
15.0
6.3
健康な体と体力をつけてほしい
27.7
32.1
責任感の強い子になってほしい
16.0
5.7
何事にも粘り強く努力する子になってほしい
22.5
24.1
自立心を身につけてほしい
23.0
31.2
モラルを身につけてほしい
31.5
23.9
人の心の痛みや辛さがわかる人になってほしい
51.6
59.5
多くの友人に恵まれてほしい
16.9
18.3
不明
2.3
0.8

図Ⅵ-2　わが子への願い 男女別集計

生活を余儀なくさせられている男性の方が、「学歴」による圧力を日常的に感じる場面が多いことの反映とも考えられる。

男性の回答が女性を上回っていた他の項目を見ると、「責任感の強い子になってほしい」では、男性一六・〇％に対し、女性は五・七％と一〇ポイント以上もの開きとなっているのが目立つ。「モラルを身につけてほしい」に関しては、男性の方が三一・五％で、女性の二三・九％を七・六ポイントも上回っている。

反対に女性の回答結果が男性を上回った項目をみると、「人の心の痛みや辛さがわかる人に」では、男性は五一・六％に対し、女性は五九・五％と、双方とも半数以上と高いものの、八ポイント近くの開きを示して女性の数値の方が高い。

これらの特性から、男性の「子ども観」は女性と比べると、「男子は厳然として、他人に涙は見せない」という、いわゆる古い「男性観」を重んじる傾向が強く感じられる。

教師は「学力」への思い入れが強い

親と教師の認識の差に着目してみると、「学力への願い」に関しては、教師が一五・三％、親は五・一％と大きく開いている。すなわち教師の方が親よりも一〇ポイント以上も学力要求が高い（図Ⅵ−3）のである。これは教師が親という立場で、わが子に関して考えて回答した場合でさえ、学校の教師としての学力重視の価値観が色濃く滲み出てしまった結果の数字と言えるので

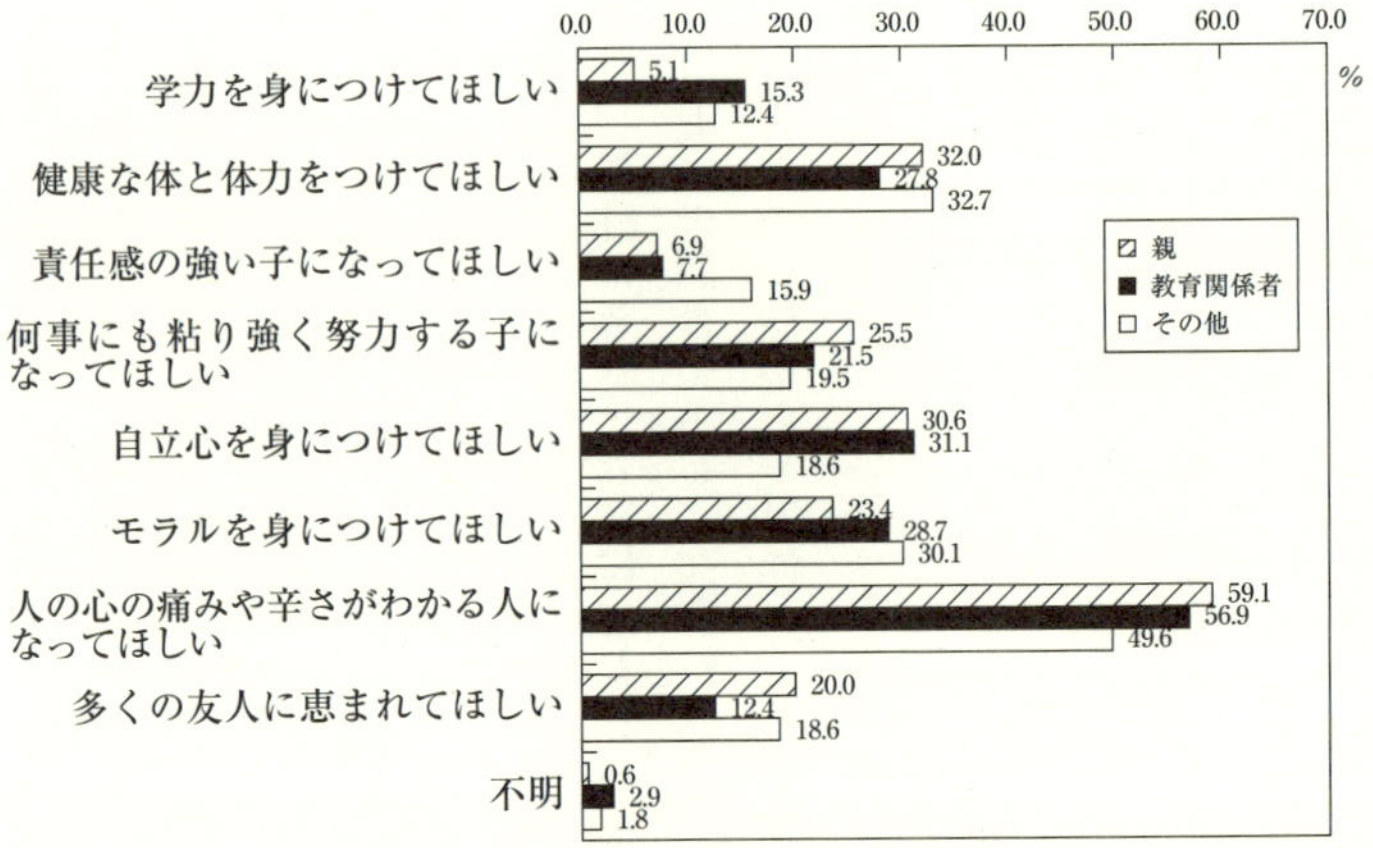

図VI−3　わが子への願い　年代別集計

はないか。また、親の本当の願いを深部で受け止めることができていない今日の教師の実態を逆に浮き彫りにしているのではないか。

世代間の違い

では、次に世代間の違いはどうか。図VI―4を見ると、「人の心の痛みや辛さがわかる人になってほしい」という願いは、二〇～三〇代では六五・七%に対し、四〇代では五六・六%、五〇～六〇代は五〇・四%と減少し、若い世代ほど、この思いは強いことがわかる。

一方、「責任感の強い子になってほしい」という願いに関しては、五〇～六〇代は一二・八%であるのに対し、四〇代は九・一%、二〇～三〇代はわずか二・五%と激減していく。わが子の教育に対する世代別願いの違いが、はっきりと出ている。つまり、若い世代ほど「心優しい子」を求

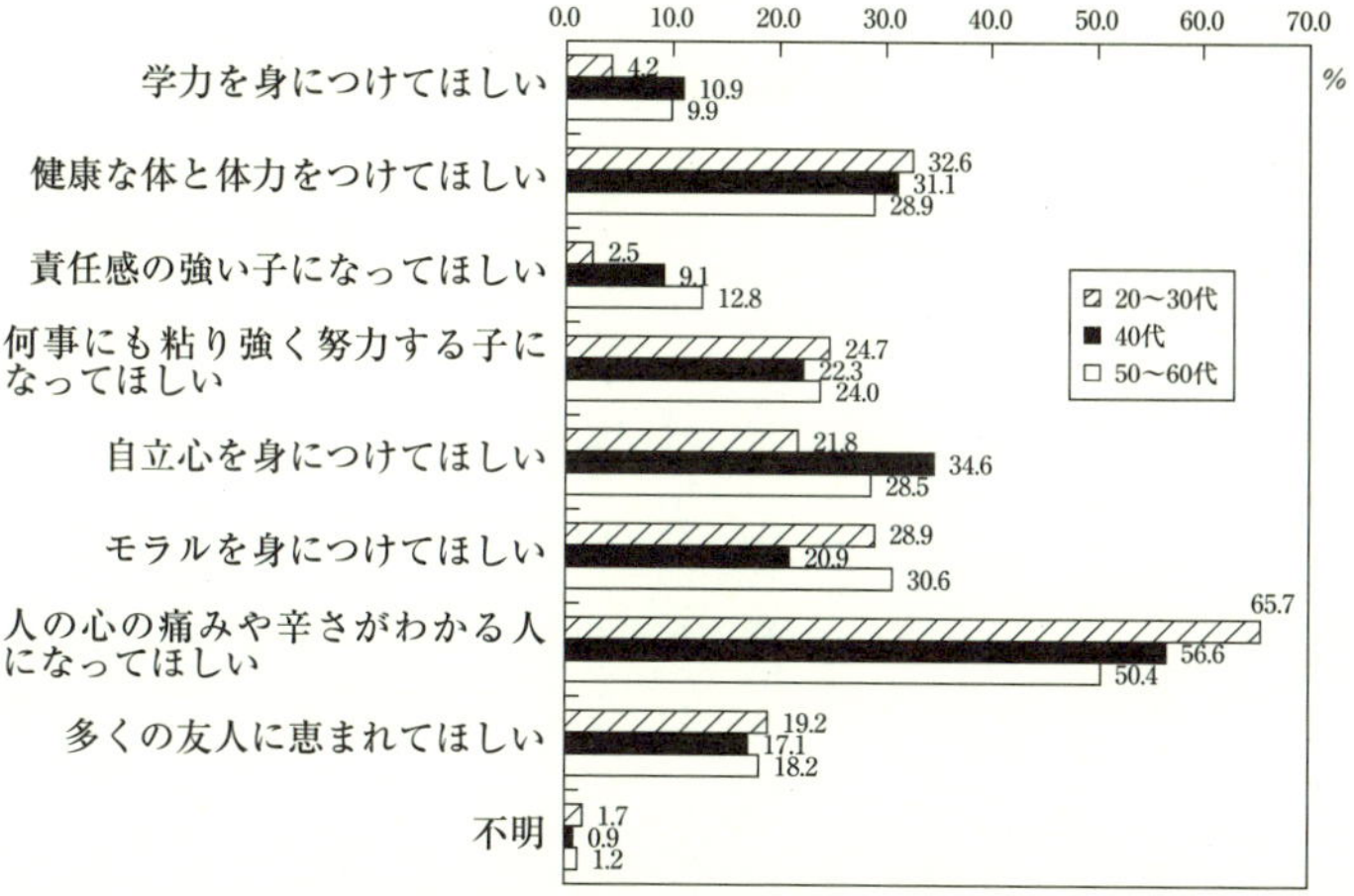
0.0
10.0
20.0
30.0
40.0
50.0
60.0
70.0
%
学力を身につけてほしい
4.2
10.9
9.9
健康な体と体力をつけてほしい
32.6
31.1
28.9
責任感の強い子になってほしい
2.5
9.1
12.8
何事にも粘り強く努力する子になってほしい
24.7
22.3
24.0
自立心を身につけてほしい
21.8
34.6
28.5
モラルを身につけてほしい
28.9
20.9
30.6
人の心の痛みや辛さがわかる人になってほしい
65.7
56.6
50.4
多くの友人に恵まれてほしい
19.2
17.1
18.2
不明
1.7
0.9
1.2
20～30代
40代
50～60代

図Ⅵ-4　わが子への願い　年代別集計

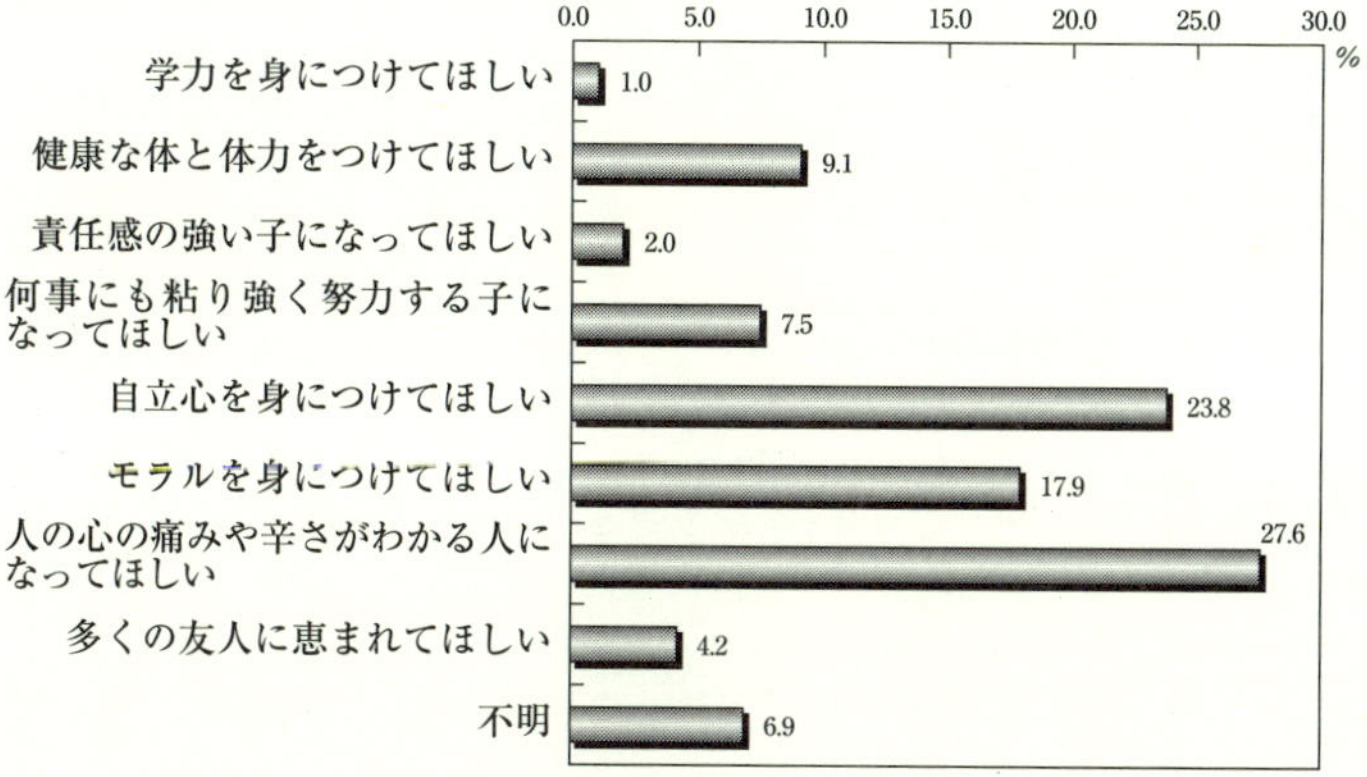
0.0
5.0
10.0
15.0
20.0
25.0
30.0
%
学力を身につけてほしい
1.0
健康な体と体力をつけてほしい
9.1
責任感の強い子になってほしい
2.0
何事にも粘り強く努力する子になってほしい
7.5
自立心を身につけてほしい
23.8
モラルを身につけてほしい
17.9
人の心の痛みや辛さがわかる人になってほしい
27.6
多くの友人に恵まれてほしい
4.2
不明
6.9

図Ⅵ-5　21世紀の現代を生きていく上で必要なことは何か

め、古い世代になるほど「責任感の強い子」を重視していることがわかる。

（2）現代を生きていく上で最も必要なことは何だと考えるか

次に「二一世紀の現代を生きていく上で最も必要なことは何だと思いますか」というわが子から離れた問いに対して、先ほどと同じ八つの選択肢の中から一つ選んでもらった。結果は図Ⅵ-5の通りである。

極端に低い「学力」への願い

「人の心の痛みや辛さがわかる人になってほしい」と答えた人は二七・六％でここでもやはりトップを占めている。次いで「しっかりとした自立心を身につけてほしい」が二三・八％と続く。一方、「学力をしっかり身につけてほしい」と回答した者はここでも、わずか一・〇％と最下位にとどまっている。この結果をどう見るべきなのだろうか。

これらの数字だけを見た場合、回答者の多くは、「学力」よりも「心」「自立心」など、人としての中身が重要であると考えているようだ。しかし、「学力」を軽視していると判断するのは早計すぎるだろう。というのは、回答者が「学力」そのものをどのようなイメージでとらえているかが重要だからだ。学力観の相違を考慮すべきであろう。例えば、「学力」を「九九」や分数の計算、漢字の読み書きなど、点数により「計測可能で無味乾燥な力」と限定してしまうと、「心」や「自立心」「モラル」といった人間性を上位に位置付けたくなるのも当然であろう。この点に関しては、自由記述を参考に考察してみたい。

まず、「学力をしっかり身につけてほしい」という代表的な理由は以下の通り挙げられている。
・長い人生の基本と思う。
・机上の勉強のことだけではない。向上心、向学心は生きていく上で必要。
・何を学び、どんな職についても基本が大事と思う。
・社会の中で適応して生きていくためには、知識や判断力、思考力は必要であるので。
一読してわかるように、ここでは受験のための学力や「学校知」を求める声はほとんど見られない。反対に「生きる力」、リテラシーとしての学力の向上を願っている。この点でも、今日の学校現場や行政の形式的な点数だけの学力競争が、いかに今日的な市民感覚とずれているのか明らかである。

また、「人の心の痛みや辛さがわかる人になってほしい」という願いの背景や理由は何だろうか。
・人間として一番大切だから（多数）。
・生きていく上で最も大切なこと。
・一人では生きてはいけないから。
・人の心の痛みがわかる人は、それだけ豊かな見識を持てると思うし、よい友人を見つけられると思うので。
ここでは、他者より抜きんでるための競争ではなく、共に生きるために力を合わせる「共創」を願う親心が鮮明になっている。

世間体を重んじる男性の子ども観

ここでも、回答の男女別落差に着目してみると興味深い。図Ⅵ–6「学力をしっかり身につけてほしい」かという問いに対しては、男性が二・三％、女性は〇・五％。また「責任感の強い子になってほしい」に対して、男性は三・三％、女性が一・六％。先ほどの「わが子に対する願いについて」の問いの結果と同傾向の差異が出ている。

また、一般的に判断すると、家庭内で身近に子どもに接する機会が多い母親に対して、外に出て競争社会でもまれている父親は、かつての学歴信仰の影響がまだまだ根強く残っているのかもしれない。

心の豊かさ願う若い世代

図Ⅵ–7の年代別の差を見てみると、「人の心の痛みや辛さがわかる人になってほしい」かという項目で、二〇～三〇代が三二・二％と高く、五〇～六〇代では二五・二％と低くなっている。若い世代の方が心の優しさをより強く望んでいる点が特徴である。

保護者、教員、一般の意識の違い

ここで、今度は、回答者を保護者と教員及び教育関係者、その他に分けて結果の分析を試みたい。教員による回答では、学校で生活指導に手を焼いているせいか、「しっかりとした自立心を

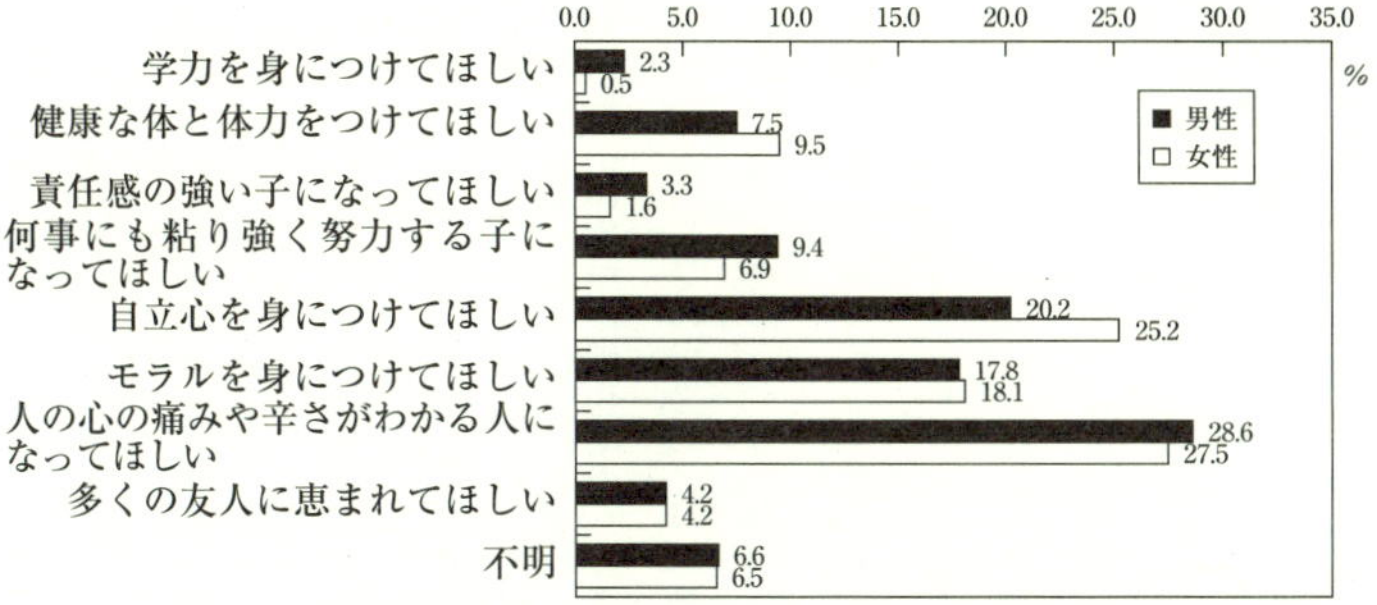

図Ⅵ−6　現代を生きていく上で必要なこと 男女別集計

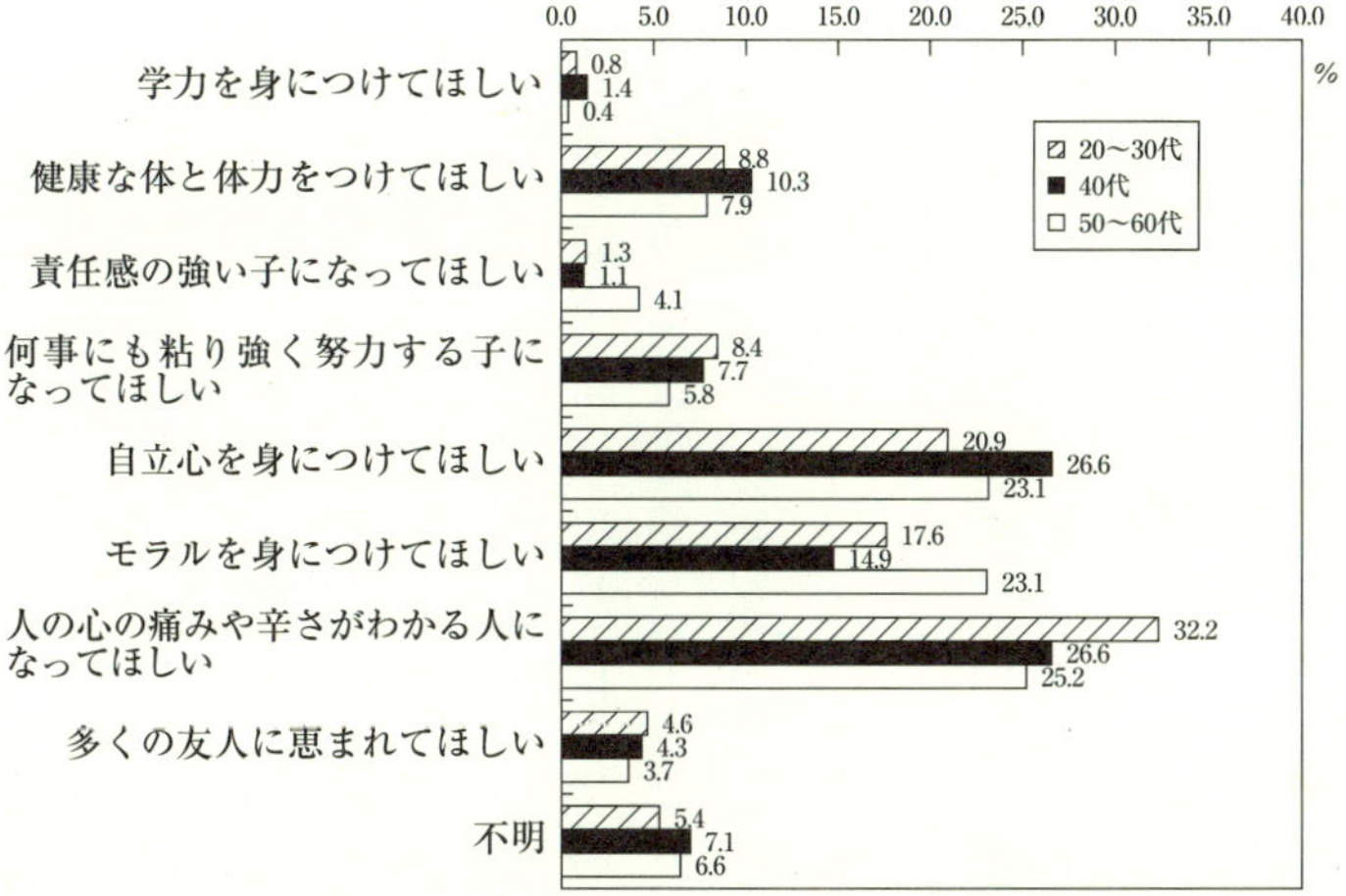

図Ⅵ−7　現代を生きていく上で必要なこと 世代別集計

身につけてほしい」という要求が三〇・六％と高い。これに比べて、保護者は二二・六％となっている。「保護者、教員」と「一般（その他）」との間の回答差が大きい項目は「社会のルールやマナーなどモラルを身につけてほしい」「責任感の強い子に育ってほしい」の二項目であった。モラルについては、一般の人（「その他」）は三一％であるのに対して、保護者の方は一三・四％、教師は一六・七％しかない。責任感については、一般の人は五・三％であるのに対し、保護者は一・六％、教員はわずかに一・四％である。一般の人々が現代の子どもたちに抱くモラルやマナーに対する要求と、家庭や教育現場で直接子どもたちと触れ合っている保護者や教師との間の願いには、倍以上の開きが生じている。この点については、深刻に受けとめる必要があるだろう。というのは、今日の教育改革は、教育現場の声を無視して一方的に経済の論理で進行しているからである。こうした教育現場と政治、経済界との認識の違いが、子どもや教員、保護者をいかに苦しめているか忘れてはなるまい。

（2）学力低下に関する教員たちの意識はどうか

アンケートでは、教員及び教育関係者に限定して、学力低下についてはどのように考えているのかについて追加調査を行った。以下はその結果と分析である。

学力は低下しているのか

「『子どもたちの学力は低下している』と思いますか」という問いに対し、「思う」と答えたのは、五二・五％。「思わない」は九・九％、「どちらとも言えない」は三二・七％である。圧倒的に、学力低下を感じている教員の割合が高い（図Ⅵ－8）。

学力低下を感じる根拠は何か

〈選択肢〉
一　教育実践の実感として
二　テストや読み書きが、以前よりできなくなってきているから
三　親が、学力が低下していると言うから
四　マスコミが、学力が低下していると言うから
五　教育委員会などが、学力が低下していると言うから
六　学力比較のテストを自分でやってみたから
七　何となく
八　社会全体が学力低下について騒いでいるから
九　家庭学習をやらなくなったから
一〇　わからない

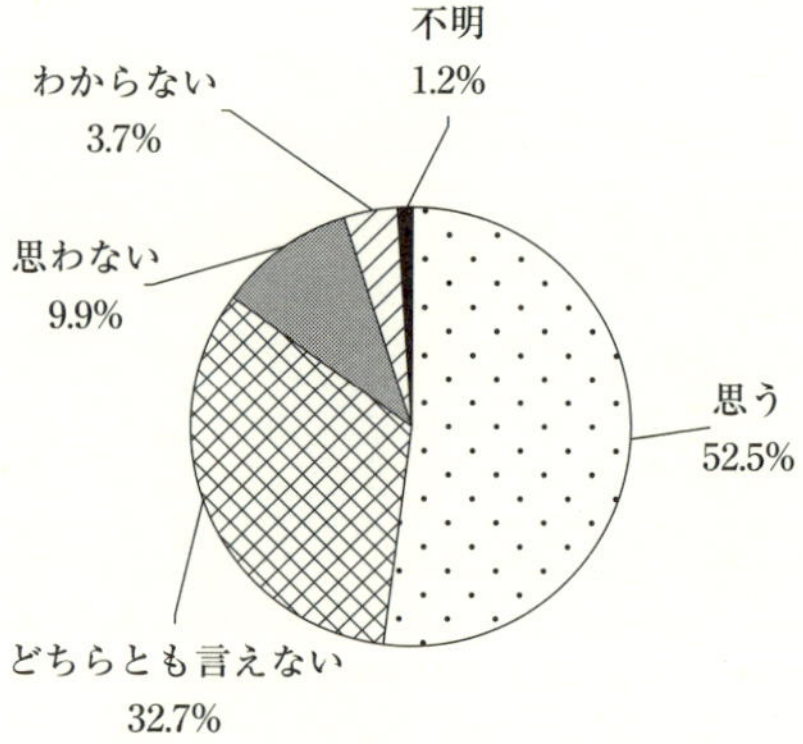

図Ⅵ－8　学力は低下しているか
（教員、教育関係者限定）

回答のベスト3は以下の通りであった（複数回答）。

・教育実践の実感として…七二・九％

・テストの読み書きが以前よりできなくなってきているから…四八・二％

・家庭学習をやらなくなったから…四〇・〇％

「マスコミ」や「社会全体」「親」「教育行政」からの指摘など外の情報からの影響は、意外にも小さいことがわかる。（図Ⅵ－9）

「生きる力」「学ぶ力」の存在

一方、学力が低下していると「思わない」と答えた教師には、その理由を自由記述形式で回答してもらった。これらの記述をみると、「思わない」理由として、次のような特徴を読み取ることができる。

①学力を総合的な「生きる力」と捉えると、形にはまったかつての「良い子」たちに比べると、今日の子どもの方がずっと高いと感じられるから。

②自らの学級や学校の実践（基礎・基本、補習の重視）の成果に確信を持っているから。

③「学校五日制」となり、時間数・経験不足など問題はあるが、生き生きした「学びの力」は育

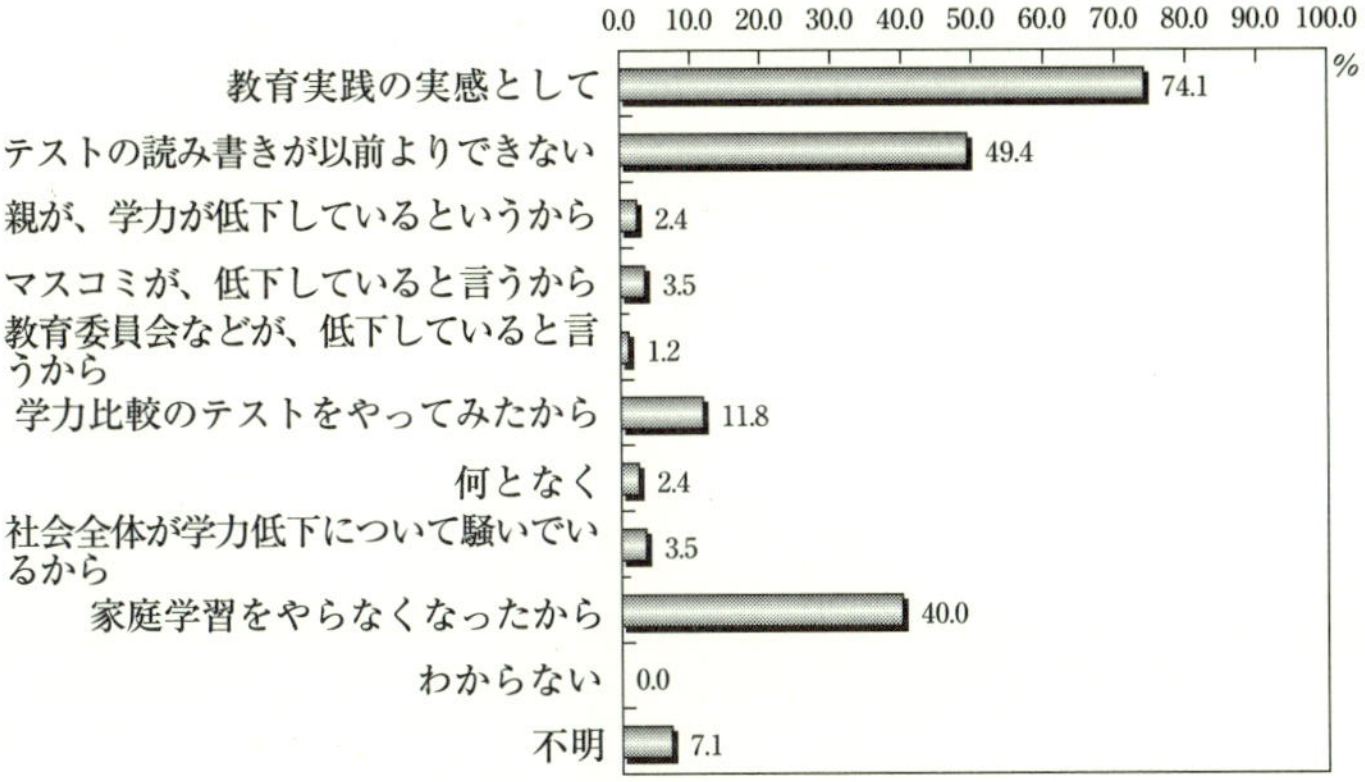

図Ⅵ−9　学力低下を感じる理由

っているから。

近年、メディアでも学力低下が騒がれ、現代の子ども、教育に対して一方的に悲観する風潮を考えると、そうした中でも確実に子どもたちの輝きをとらえ、前進しようとしている教師の存在に救われる思いがする。

「二極化」を心配する教師たち

しかし、以下のような「二極化」を心配する声に注目すべきだろう。

「出来る子、出来ない子の二極分化が起こっていると思う。価値観の多様化で、学力のみを求めなくなってきたことも手伝って、差が大きい」「学力はともかく、知的水準の高い子は多い。昔と比べて物知りと感じる。一方、日本語さえあやふやな層もある。二極化が問題」。

調査対象を現場の教師に限った学力低下について

の、これらの調査からわかることは、これまでメディアを中心に騒いできた単純な数値として学力を定義していない点である。

社会環境や時代の変化の中で、総合的な発達の観点から、子どもたちを把握しようと努めていることがよくわかる。

学力向上を望む親への誘導か？

冒頭でも述べたように、この調査に取り組んだきっかけは、「学力低下」論争に対して、メディアが報じる状況は果たして本当なのかという素朴な疑問と、相次いで発表される数値への不信感からであった。

こうして調査を終えて、当初の疑問と不信感は増大こそすれ少しも減少していない。やはり、騒がれた「学力低下」論は、子どもの実態を忘れたまま展開されていたのであって、全く別の方向へ進んでいるように思えてならない。この結果を改めて見つめ直してみると、我々は社会意識調査そのものが持つ落とし穴にはまっていたのではないかと危惧される。というのは、ただ単に「学力の向上を望みますか」と聞かれれば、誰でも「はい」と答えるに決まっているからである。これは、子どもの成績の良し悪しに左右されるものではない。その証拠に、私が過去に講演会等で訪れた中で、いわゆる普通の公立中学校に通う生徒の親も、文科省の研究指定校として、学力向上に関して著しい成果を上げていた関東の公立小学校の児童の親も、都内の有名進学校で、東大への合格者が全国ベスト10に入るような私立高校のPTAでも、講演の中で「学力向上を望みますか」と問えば、多くの親がドッと挙手したものである。

「学力低下に不安を抱く親たち」の存在は、確かにデータの裏打ちもされていたし、偽りではない。しかし重要なのは、学力の要求をどのように問うたのかにある。つまり、「学力」のみに特化して問えば、学力への要求を「否」と答える親など最初からほとんどいないに決まっているからである。したがって、それら調査結果だけでは、親の要求をつかんだことにはならない。ここに、社会意識調査のトリックがある。たとえ膨大なデータ上の裏付けがあったとしても、データのとり方そのものの適否を確かめることから始める必要があろう。

しかし、近年の「学力低下」に関する動向を見ていると、社会の意識を一定の方向へ誘導しようとしていたのではないかと疑われる。すなわち、「学力向上を望む」親たちの要求がいかに強いか数の上で裏付け、学校は〝親の要求〟に誠実に応えるべきだという理屈で、学校現場に学力向上の取り組みを強引に求めてきたのである。親は市場における「消費者」であると見なし、学校は顧客に満足のいく「サービス」としての教育を提供すべきだとする、教育を商品化する理論が展開されたのである。

こうした流れに対し、教育現場は抗する力がなかった。またたく間に足元をすくわれるかたちで、われ先にと浅薄な学力向上対策へとなだれを打ったのである。

二〇〇二年一月一七日には、文科省までが「学びのすすめ」を発表し、「確かな学力」の育成

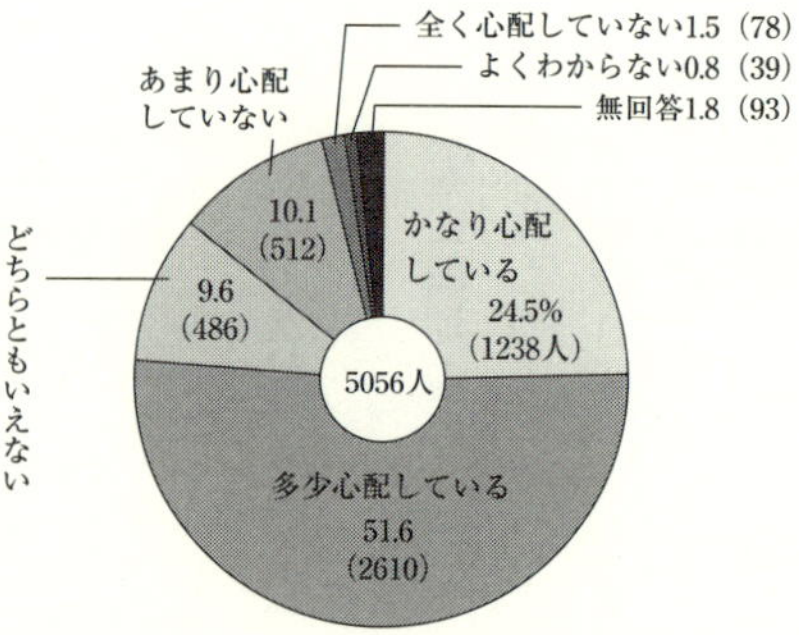

（四捨五入のため合計は100にならない。日本PTA全国協議会調べ）

図Ⅵ−10　学力低下は心配ですか

を打ち出さざるをえないほど国民の不安は膨らんでいった。日本ＰＴＡ全国協議会の学力不安への調査結果（七六％）（「日本ＰＴＡ全国協議会」、全国の小一～中三の親六〇〇〇人対象。回答五〇五六人〇四年一一月調査―図Ⅵ―10参照）なども社会的には絶大な影響力を及ぼした。こうして、学校へ「学力向上」対策を求める気運は一気に高まり、まるで津波のように全国の学校に押し寄せていったのである。

振り回される学校現場

その結果、夏休みを短縮し授業時数を確保したり、同じく授業時数確保のために、これまで我々日本人が長年馴染んできた三学期制を改め、一年間を便宜的に区切っただけとしか思えない二学期制が各地で導入され始めたのである。土曜日に授業を実施する「特区」まで出現し、一時間目の直前に行うゼロ時間目や、七、八時間目に授業を開設すること等はもはや当たり前。通常の五〇分授業を二分延長し、五二分授業（休み時間は八分）を行う自治体まで現れた。

授業時数が増えただけではなく、宿題も増え、帰宅後も子どもたちは息つく暇がない有様。

次々と実施される学力試験、学校の時間外でも英検、数検、漢検、歴検など検定試験受験の奨励。頑張りを称え、やる気を引き出すという大人の側のもっともらしい理由で、それらの結果を校内で発表し、子どもたちに無言のプレッシャーを与え続けているのである。

果たしてこれらが本当に子どもたちの成長のためのものかという、一番肝心な視点が置き去りにされたまま、計測可能な「学力向上」という錦の御旗さえ掲げれば、何でも正当化されるという異常な事態に陥ったのである。そんな情況だけに目を奪われて、いわゆる「いい大学」に入ってもけっして「勝ち組」に参加できるわけではない。ニートやひきこもりになるかもしれない。あるいはホリエモンや村上前代表のような庶民感覚のズレた金銭観で大失敗するかもしれない。

学校の教育実践や教育行政は、親たちの本当の願いをトータルに把握して、行われなければならないはずである。本調査は、親たちが子育てに対し、心の底で本当に望んでいることは何なのか、生の声から正確に把握することを目的に実施したものである。この調査が、視野狭隘的な今日の学力論争を正道に戻す一つのきっかけとなることを望みたい。

子どもの発達保障と人格の形成という本来の教育目的を置き去りにしたまま進む「学力」論争に警鐘を鳴らし、保護者に、わが子の成長への純粋な思いを再確認してもらい、子どもと教育について考え直すきっかけとなることを願っている。また、表面の数値だけにとらわれない、生きる力を豊かにする、生きて働く真の「学力」について、活発な議論がなされ、地に足の着いた教育実践が展開されていくことを希望する。

学校の形を変化させエリート層を一刻も早く分別し、そこに人力も金も投入するという子どもの二極化を進展させることばかりにやっきとなってきた、今日の教育の「構造改革」ではなく、もっと地道に多くの親たちが望んでいるのと同様に将来を見据え、子どもの立場に立った「機会均等社会」の「教育改革」へ立ち戻ることを願わざるをえない。

このアンケート調査は、ほんのわずかな規模であり、フィールドワークを重ねる私の直感を、量的、数値的に裏付けるものでしかない。しかし、現場の実態を数値的にも踏まえることが、教育論議の要であることを再認識させてくれた意味は大きかった。また、すさまじい勢いで進行する格差教育に抗するためにも、「学力論争」を政争の具にしてはなるまい。今こそ教育の機会均等の原点に立ちかえるべきだろう。

それにしても、親の本音が「心の成長」「人格の完成」にあることと、プロローグでも少しふれた最近の父親参加の中学受験ブーム等がどうも矛盾しているのではないかという声もある。確かにかつての「子育て軸」で考えると矛盾である。しかし、この現象は、格差社会に入り二極化が完了しつつあることの証拠でもある。つまり、社会状況を的確に見極めることができるポジションにいる父親たちが、わが子への「愛情」、「豊かな心に育ってほしい願い」から、多少犠牲を払ってでも、「下流防止」対策として、学校選択を開始しはじめたのではないか。ブランド大学だけを求めて受験につっ走ったかつての状況とは違い、その心境には、二極化社会が進行する中での、「下流」にだけはしてはなるまいというせっぱ詰まった思いがあるようだ。しかも、Ⅱ章でも述べたように、今や公立の小・中学校段階から「学校選択制」が首都圏を中心に広がっている。まるで商品を選ぶように学校を選ばされるのである。親は「消費者」で学校は「サービスの提供者」だと言うのだから。こうなっては、かつての受験戦争時代のように〝教育ママ〟に全面的にまかせておける範囲を超えている。したがって、三〇代の父親たちは、わが子が小・中の義務教育段階から「学校選択」をせざるをえないのである。どうせ選ぶなら、ブランド小学校、ブランド中・高校はどうかと迷うのは〝親心〟というものだろう。ここにも、かつてとは全く違う「新・学歴社会」の始まりを感じるのである。

Ⅶ　機会平等、教育に希望を――ライフラインとしての教育保障

〈はじめに〉――どうする、教育格差の打開

「一〇の格差」は自然現象ではない

本書では、プロローグに始まり、第Ⅰ章の「急速に階層社会化する日本――広がる格差」、第Ⅱ章では、その格差の教育に及ぼす状況、第Ⅲ章では、学力低下論争やその対策が格差の拡大・固定化に果たした役割について、第Ⅳ章では、格差拡大、下流化の象徴としてのニート問題、第Ⅴ章では「勝ち組」の人生は人として本当にバラ色なのかどうかについて、第Ⅵ章では、国民はもともと学力要求オンリーなどではなかったこと、つまり本音のところでは、学力よりも人格の形成をこそ求めていることを調査による数値に基づいて論じてきた。

これら全体を通して明らかになったことは、一口に教育格差とは言っても、一〇種類以上にも

及び、どれも社会情勢の変化の中で蠢《うごめ》いているということである。経済格差、学力格差、学歴格差、学校内のコース格差、学校間格差、出自格差、文化格差、親の学歴格差、習熟度別格差、教員格差。これらが地域間格差、情報格差、男女間格差、企業間格差などと絡みながら複雑に進展し、子どもたちの学力にも反映されていることである。このように格差は多様ではあるが、大切なことは、どの格差も人為的所作のなせる業であり、けっして〝自然現象〟などではないということだ。したがって、今日の社会と教育システムの流れのなすがままにわが子を学校に通わせていれば、ある意味では、必然性さえ帯びながら格差社会のどちらかに自動的に組み込まれていくことになる。日本における教育格差はすでにそこまで進展してしまっているのである。親の学校体験とは、教育体制、学校システム、カリキュラムなど全てが別世界となっているのである。だからといって、借金をしてでも家庭教師をつけ、塾通いをさせる、はたまた教育ローンを組んで私立の中・高一貫校に通わせるのが親の愛情なのだろうか。「いい大学」に入れることが、意味するところのもの、実態は何なのだろうか。親自身の社会との向き合い方、人生観、価値観を問うことなく、わが子の生き方、進路を見すえることなどできない時代なのかもしれない。

このような迷いの中で、本章の役割は、格差教育を超える実践的・政策的展望を示すことである。

子どもは〝教育を受ける権利〟の主体

ところで、いまだに義務教育を子どもが学習する義務だと錯覚している人も多い。しかしこれは明らかに誤解である。教育を受けさせる義務を負っているのは親であり、子どもは学習の権利主体である。つまり、子どもにとって教育を受けることは、自分が成長し、一人前の人格を形成するための「権利」なのである。同時に親は、主権者として、このような義務遂行にふさわしい環境と条件を整える責任を負っている。つまり、国や地方自治体の形成主体（主権者）である。選挙権を有しない子どもに対して、直接の責任を負っていることを忘れてはなるまい。単に家庭という小さな範囲内での子育ての責任を荷っているだけではあるまい。広くすべての子どもたちにも責任を負っているのではないだろうか。

したがって、義務教育はすべての子どもにとって機会均等でなければならないのである。換言すれば義務教育は、すべての国民が今世紀を人間らしく自己実現して生きるための力、つまり生きるための知識と技能獲得のライフラインとしての役割をになっているのである。そこに格差など持ち込んではならないことは言うまでもない。また、すべての子どもの自立をめざして基礎的教育に加えて、十分な情報が届くように保障すべきであろう。そのことが、人々と協力・共同して豊かで安心して暮らせる日本や国際平和に貢献できる日本人を育てるのである。

いつから国家主権国家に？

○六年七月のこと。自民党総裁選候補者の一人のスローガンは、「消費税率を一〇％に！」上げるという内容であった。テレビも何の疑問を呈することもなく、逆にあたかも勇気ある提示か何かのようにこの提案を熱く報道していた。しかし、少し立ち止まってよく考えてみれば明らかなように、何とも奇妙な構図ではないか。儲けや所得に応じてかかる法人税率や所得税率アップを公約するならまだ理解もできよう。元来、大企業や高額所得者など経済力の豊かな領域や人々からお金を集める方策を打ち出すべきであろう。にもかかわらず、誰にも等しく――どころか実際は低所得者ほど総所得に対する割合が高負担になる直接税率を引き上げる政策を得意気に訴えるのである。そのような税率アップなら子どもにでもできるのではないか。このように主客転倒した「政策」(?)を堂々と恥ずかし気もなく語られるところが、今日の日本社会の退廃性とメディアの無気力ぶりを物語っているのではないか。

今こそ世界平和を求め、福祉理念の実践的展開として、教育政策を打ち出す必要があるだろう。「教育特区」は、すべての規制というより規準をはずさせ、「やり得」「何でもアリ」の風潮を蔓延させただけかもしれない。また、新たな価値基準や枠組みを作らないまま、教育におけるモラル崩壊の口火を切らせたのかもしれない。

福祉の充実と子ども参加の視点を

では、どのように学力格差を是正して、子どもたちの学力の定着と向上をめざすのか。ここでは、その骨組みと方向性だけ提示したい。

第一には社会・経済政策における方向転換が不可欠だということである。表Ⅶ-1の通り、ジ

表Ⅶ-1　所得分配の変遷

	再分配前所得の不平等度（ジニ係数）	再分配後所得の不平等度（ジニ係数）	再分配係数（%）	租税による再分配係数（%）	社会保障によるによる再分配係数（%）
1972年	0.354	0.314	11.4	4.4	5.7
1975年	0.375	0.346	7.8	2.9	4.5
1978年	0.365	0.338	7.4	3.7	1.2
1981年	0.349	0.314	10.0	5.4	5.0
1984年	0.398	0.343	13.8	3.8	9.8
1987年	0.405	0.338	16.5	4.2	12.0
1990年	0.433	0.364	15.9	2.9	12.5
1993年	0.439	0.365	17.0	3.2	13.2
1996年	0.441	0.361	18.3	1.7	15.7
1999年	0.472	0.381	19.2	1.3	17.1
2002年	0.498	0.381	23.5	0.8	21.4

出所：厚生労働省「所得再分配調査」

ニ係数を見ても明らかなように、ゼロから遠く離れた〇・三一四と高い数値となっている。これは、四人のうち三人の富が一人に独占されていることを示している。これほどまでに規制緩和策を進展させれば、ケアシステムは不可欠となる。格差の発生そのものは、ある程度どの時代のどの国にもあり、仕方がないとしても、格差の「固定化」や「拡大」は、子どもたちから夢や希望・意欲を奪いかねない。再挑戦どころか、最初のチャンスすら格差が生じているのである。これでは、学習意欲も働く意欲も、果ては、生きる意欲さえも喪失して当然ではないか。格差を実質的に縮小させる社会福祉政策の拡大・充実は不可欠である。その一つとして、奨学金の受給対象者とその条件の拡大、金額のアップは必須条件である。

第二には、学力格差を促進させるばかりか、その固定化の役割をになっていることが明らかになった小・中学校における習熟度別授業の廃止こそ緊急に求められる。善意で開始されたとしても、これを今後一〇年も継続することになれば、わが国の学力下位層は、ＯＥＣＤのＰＩＳＡ調査の基準でいえば、一〇％を超える危機的な可能性さえ迎えることになるだろう。学力だけにとどまらず、これと連動して、これまで述べてきたように、大量の「下流」予備軍を輩出することになるだろう。底の抜けた状態の貧困層の増大と経済格差の二極化はまるで相似形であり、学力の二極化とインタラクティブな関係で深刻化する危険性が大である。

このように経済格差と学力格差が見事に連動し、むしろ一体化しながら進展し始めていることが、今日の格差問題の本質である。この学力格差も、先述の通り通塾率の高低だけでなく、意欲格差ともなってはっきりと現れており、事態はきわめて深刻で構造的な問題となっている。せめて、学力格差を学校の教室空間では生じさせないという視点からの、教育改革の見直しが緊急に求められるところである。

日本の教師は、海外から驚嘆されるほど授業技術にすぐれているのである。できる子もできない子も一斉に授業することで、できない子もできるように、できる子はもっとできるように育てあげる豊富な実績を有している。学級の人数を三〇人（できれば二五人）以下学級にできれば、今日問題になっている学力向上策だけでなく、小学生の暴力行為やいじめ、学級崩壊も急速に解決できるはずである。学校の授業力と塾の授業力は似て非なるものである。それは、学校は子どもたちの生活の場であり、遊びと交流の砦だからである。塾のどんなにすぐれた授業者であっても、「学校力」「教師力」は発揮できない宿命なのだ。したがって、学校の教師は「塾的」授業力を模倣するのではなくて、雑多な子どもたちの学習集団の形成力をこそ身につけるべきなのである。また、塾の模倣をしても、〝教育の民営化〟をしない限り、塾には勝てないだろう。しかし、それは国としてとるべき政策だろうか。教育を土台ごと民間に丸投げする政策は、自殺行為にもなるのではないだろうか。

第三には、児童・生徒参加を進めながら学力向上についても検討・研究すべきであるということである。機械的トレーニングの「百マス計算」の流行や習熟度別授業にしても、児童・生徒の声をしっかり聴くことが必要だろう。彼らの声、つまり学習者の学習への不安や苦労や喜びに耳を傾ければ、どうすれば基礎学力が保障できるのか、それぞれの学校段階に応じた方針や対策が創造的に浮かび上がってくるはずである。それこそ現場は競い合って、子どもの実態により即した、意欲を引き出す授業論や教材論、カリキュラム編成が工夫されるに違いない。つまり、徹底して現場に任せれば、授業を支える楽しい学級・学校づくりの構想も豊かに広がることだろう。

子どもの授業や学校行事への参加が進展すれば、全体として今日のような学力格差を一方的に拡大させる「構造」から、どの子に関しても等しく基礎・基本の力が身につき、豊かな文化・スポーツ活動を通して人格形成が保障できる「構造改革」へと転換を促せることだろう。何も力む必要はないだろう。春の遠足でも、秋の運動会でも、合唱コンクールでも、みんなで教え合う学習合戦でも何でもいい。子どもたちにまかせれば、びっくりするほど子どもらしい発想で柔らかに行事や作品を作るものである。うまく成功すれば自信を深める。仮に失敗しても自己責任を感じて、すねたりぐずったりしない。次こそ成功させようと燃える。

〇六年秋にはまとめられる予定という次期学習指導要領原案のように、〝言葉の力〟をキーワードにして「A４版一枚。一〇〇〇字程度」の作文能力を身につけさせる、などということ細かで具体的な目標など文科省は示すべきではない。これでは、恐らく〇七年四月以降は、全国の小、中学校では百マス計算ならぬ「一〇〇〇字作文」ブームが起きることだろう。入学式、遠足、学級会、ことあるごとに一〇〇〇字の作文が強要され、「作文嫌い」の子どもたちが大量生産されそうである。子どもたちの声を一切聞かず、大人の思い込みだけで新たな方針を掲げると、理論そのものはそれほど間違っていなくても、いったん現場に「下り」た途端、画一化されて教師も子どもも苦しめ、結局は学力低下を引き起こすことになりかねない。

二一世紀の大人と子どもの関係にふさわしく、もっと子どもたちを信頼し、学力向上をめざすパートナーとして彼らの提言を取り込んだ学力保障への道と安心できる希望の国づくりを模索したいものである。

以下、もう少し詳しく掘り下げて検討し展望を示したい。

一　共創の教育――「自己責任」論は格差拡大とモラル崩壊の一因

教育の論理を再構築せよ

いまだに構造改革特区を使い、教育委員会の権限の一部を市区町村長に委譲することが論議され、政府の「骨太の方針」（〇六年七月七日）にも盛り込まれる始末である。これは、「意欲ある首長が、民意を聞きながら教育行政の広範な部分を直接行う余地が飛躍的に増大」「今後、市区町村レベルでのきめ細かでチャレンジングな教育実践が活性化するだろう」（福井秀夫政策研究大学院大学教授、日経新聞〇六年七月三一日付）などと傍観的にコメントできる内容ではないだろう。

今日の教育委員会業務で首長に権限委譲可能なものとして、学校の組織編成、カリキュラム、運営、教員の指導・人事を挙げて期待を寄せているが、これは教育の実態も論理も全く理解できていないし、しようともしていない暴論である。まるで地方裁判所の権限を首長に移譲すべきだと主張するに等しいほど、教育行政の中立性と独立性の確保、教育の継続性・安定性がいかに教育にとって重要か、憲法や教育基本法の精神に照らして重要であるかを理解できていない。いわば、〝活性化〟信仰に陥った主張、改革のための改革論にすぎない。いかに現状が問題を多くはらんでいるからといって、教育委員会制度そのものを廃止し、首長部局に組み入れるなどは、安易な〝現実主義〟に他ならない。困難ではあっても、真理と理想を求める教育文化とは相入れないものであり、形式の変化や活動そのものの活性化だけに目を奪われてはなるまい。権限論が重要な課題ではない。今日問題なのは、いかに教育行政を民主主義的に実体化させるのかであり、できるのかである。すなわち、教育委員会なり、行政機構は、教師や子どもを上から一方的にひき回すための機関ではなく、学校現場の校長や教頭、教員、子ども、父母の要求にいかに応えられるかどうかを問われているのである（教育基本法第一〇条第二項）。そして、それらの声を直接・間接に聞きとることができるシステム作りと子どもや市民の多様な参加、参画の保障を促すことが行政の中心的な役割であろう。何でも「規制改革」・「民間推進」がベストの政策ではないことは、ヒューザーや姉歯元建築士による「耐震強度偽装事件」を例にあげるまでもなく明らかである。教育というきわめて文化的思想的な領域に関しては、国家の財政保障のもとに、時流に簡単に流されぬ不偏不党の教育行政が必要なのである。教育とは、その意味で、教え教えられる者との間の信頼性を前提として成立する営みといえるのである。

したがって、〈はじめに〉で述べたような「国民主権」の視点ではなく、まるで逆立ちしたかのように教育や行政を国が思い通りにデザインし学校と教師に実践させるのは、戦前とほとんど同じ「国家による教育権」といえる。しかも、国をそのように機能させてしまっている今日のテレビを中心としたメディアのジャーナリスティックな批判精神を忘れた追随ぶりには、目を覆いたくなる。テレビが「世間」になり、テレビが「正義」と化している現代日本にとって、きわめてゆゆしき事態といわなければならない。

「教育の構造改革」の本質は何か

これまで見てきたように、今日の教育行政の重点施策は、「教育の構造改革」であり、これは時の政府による〝聖域なき構造改革〟路線の一翼にすぎない。教育の現場から、あるいは子どもや市民の側から湧き起こった改革要求ではない。教育の構造を変えるために、これまでの学校や教師への不満や批判、学校の不祥事などを巧みに汲上げ、政策的戦略である学校の「自由化」、つまり義務教育の複線化と教育格差を創出し、その固定化を促しかねない多様化路線へと政治力で導いたものである。その突破口の役割をになったのがいわゆる「特区」である。これによって、それまでの教育の公共性はどこかに忘れ去られ際限のない、例えばトヨタ自動車などが直接学校経営に乗り出すなど「民」の「公共化」につながる「民営化」や、公立学校間の選択の自由化を推進し、入学者ゼロの公立中学校を生み出す等「公」の「民営化」へと双方向からなだれを打った。まるで教育の芯が溶解させられている。しかも、親と子を「顧客」に見たて、顧客ニーズを錦の御旗に、学校と教師に〝競争〟をけしかけているのである。

では、「顧客」たる親や市民の権利は守られているのかと言えば、けっしてそうではない。いわゆる「自己責任」論の下に、すべての責任は個別親に背負わされている。しかも、こちらも個々に分断されて、いわば粗悪品の選択競争に追い立てられているにすぎない。

親は本来、教育を創造する主体として、教師と共に子どもを主役とした、どの子も伸びる学校づくりやその運営の中核たるべき存在のはずである。それを学校や教員と見事に敵対させたのである。また、理想の実現と諸問題解決のためにこそ、力量を発揮するのが本務であるべき国（文科省）や地方教育行政が反対に、親や市民、子どもに対して強権的な教育方針や一部では教科書を押しつけているのである。

すなわち、今日の「教育の構造改革」は、「官から民へ」とか「規制緩和＝自由」などと聞こえの良い言語を並べながらも、最終的には、〝国家の教育権〟を実態として確立させるためのテコの役割を果たしているにすぎない。これでは、国家主義的な「教育基本法改定」（与党）の先取りであろう。

問題の本質は、このように重大な事態になっている。だからこそ、教育格差に対する視点も、対処療法的なアプローチだけでは、対応は困難だろう。本質を見据えつつ、具体的に今、どうすべきか、「遠近両用」の奥行きの深い視点こそ有効だろう。

第Ⅴ章でも分析した通り、九歳の時に父親から一〇〇万円も渡され、実践的「金融教育」を授けられて育った村上ファンドの前代表。彼が、結局は、〝金猛者〟にすぎなかったという側面を見ても、今日の「勝ち組」が、尊敬に価する知性と教養と人格を兼ねそなえた、人生における〝生き方の真の勝者〟ではないことは明らかであろう。

政治経済（金融）における規制緩和も、新たな安全策としてのルールを確立しないまま、ただ「規制緩和至上主義」的な政策を先行させると、ライブドアや村上ファンド、耐震強度偽装事件等が、次々にそれこそ〝構造的〟に発生するのである。

教育は認め合い、尊重し合うことである

教育は、学力にしても人格形成にしても、基本的生活習慣の獲得にしても、経済原理とはまったく異なり競争で相手より先んじればよいといった低い目標で営まれるものではない。ましてや勝ち負けが問題ではない。なぜなら、一人ひとりきわめて個性的であり、生き方も多様で異なっているのが私たち人間の特性だからだ。したがって、ありのままいかに輝くことができるのか――そのような自己肯定感に裏打ちされた人生観や他者への優しい認識を一人ひとりの心に育むことこそ教育の主たる目的なのだ。教育基本法の与党改正案のように教育の「目標」を国家が定め、あれこれ「態度を養」おうとすることではない。これでは、戦前の国家による教育への逆戻りである。つまり、義務教育の基本は多様な個をいかに認め、尊重できるのかということ。そのための相互の高め合う作用が、集団として集い生活する学級であり学校の役割なのだ。

そう考えると、小学校低・中学年から習熟度別授業に分けて、多彩な発言や思考様式にふれ合い交流し、学び合うチャンスを奪い子どもたちを分断する教育方法は、いかに反教育的で邪道であることか。人との交わりを通して、コミュニケーションスキルを高め、人間理解や信頼を形成し、将来にわたって伸びる子どもたち、ひいては日本人の成長の芽そのものを枯らし、こぢんまりとした人間しか育てられないことに他ならない。成長への可能性の寸断といっても過言ではない。後述する予定だが、学力世界一と言われるフィンランドが、学力テストで競うことや習塾度別授業を廃止する中で、学力を向上させていったことはよく知られているが、これは当然の教育

の理であり、教育条理にもかなっている。ところが日本では子どもたちを分断し、機械的な訓練によって課題を習得させようとしているのである。

学力に偏重し、学力オンリーのこのような子ども観、学校観は、「人格の完成」（教育基本法）の理念からも大きくズレている。本来なら学校生活すべてが子どもにとっては〝学び〟のはずである。子どもたちの人格の発達にとって、有益でない営みはないほど学校生活は多彩で貴重である。授業としての学習活動は、あくまでもその一翼にすぎないという教育の原点をもう一度見つめ直すべきだろう。

したがって、学校は子どもたちにとって、連帯と共同と共創の砦でなければなるまい。同時に、機械的な工場製品の品質管理思想の、ゼロ・トレランスなるペナルティ主義の生活指導ではなく、子ども参画による〝スクールデモクラシー〟を模索すべきだろう。学校は、管理される空間ではない。失敗も大いに許され、それをくぐり抜ける中で、人として成長する〝安心と失敗と成長〟の場でなくてはならない。

このことは世論調査（読売新聞、全国の有権者三〇〇〇人対象、〇六年五月実施）によっても明らかである。すなわち、「つながりを求める若者たち」の姿が鮮明になったからだ。図Ⅷ-1から明らかな通り、二〇歳代は、「人付き合いや人間関係が希薄になりつつあると思うか」に対して六年前より一四ポイント増の七二・八％もが「そう思う」と回答している。他の世代が二から七ポイント増であることから見て、若い層での希薄感の広がりが特徴的である。その理由について

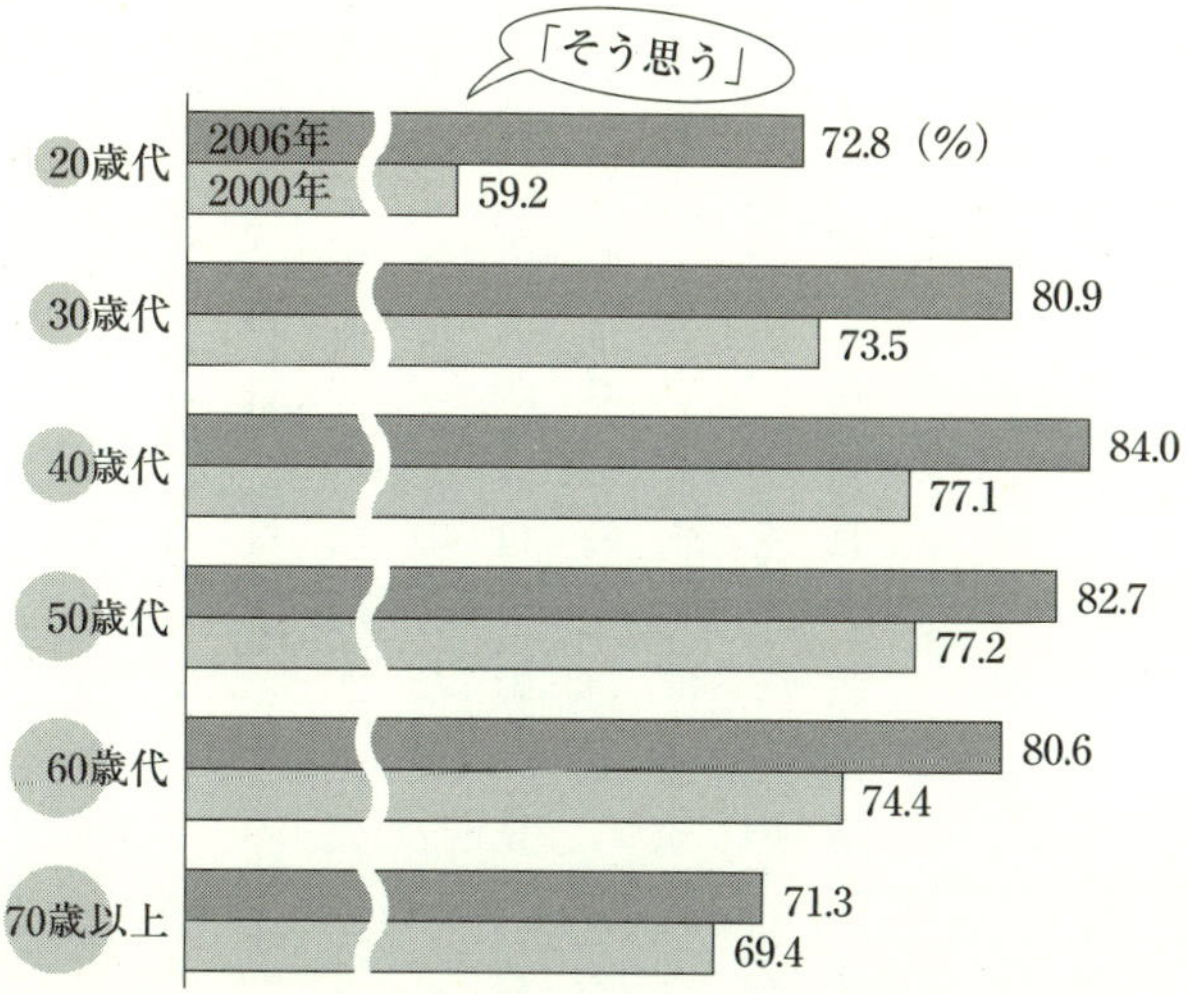

図Ⅶ−1　人付き合いや人間関係が希薄になりつつあると思うか

「人と接するのをわずらわしいと思う人が増えた」が五二%（全体四九%）で一位を占めている。また二〇代では、「テレビゲームやパソコンなどひとりの時間を過ごす人が増えた」が四九%と二〇代では目立つ。

しかし、これは、第一には、ケータイメールなどによるバーチャルコミュニケーションがもたらすリアルコミュニケーションへの渇望感の裏返しなのではないかと考えられる。つまり「携帯電話メールでのコミュニケーションが増えると、人付き合いや人間関係にどのような影響があると思うか」（複数回答）に対して、「都合のいいときだけ応対すればいいので、人間関係が表面的になる」が二八・八%、「互いの表情が読みとれないので、誤解が多くなる」が三四・三%、「自分の感情や思いを面と向かって伝えられなくなる」二五・四%、「常に誰かとつながっていないと不安で仕方なくなる」は一一・九%と答えている。バーチャルコミュニケーションの匿名性、利便性が逆に、いかに若者たちのコミュニケーションスキルを低下させ、人とのつながりに対して渇望感を生んでいるかは明らかである。

第二には、「勝ち組」「負け組」などの議論や、格差社会から派生してくる、人情や義理といった人間性豊かな血の通ったつながりが欠落していくという実感——つまり「お金儲け、いけないんですか」と居直ったかのような村上ファンド前代表の発言に見られる寒々感やドライ感を若者たちは世代が近いが故に自己投影的に見ているのではないだろうか。その意味では、ライブドアのホリエモンがあれほど持ち上げられ、時代の寵児《ちょうじ》ぶりを発揮していたにもかかわらず、いざ逮捕となると、きびすを返すようにメディアからも見捨てられる実態に、メディア化した社会に対する底知れぬ怖れ、不安を抱いているのではないだろうか。

そうだとするなら、今日の「教育の構造改革」を貫いている競争原理に基づく成果主義は、IT世代、バーチャルコミュニケーション時代を生き抜かざるをえない子どもたちをいかに深い絶望に落とし入れているのか——明白ではないだろうか。

そういうコミュニケーションにとっては新たに困難を迎えた時代にもかかわらず、学校の個々の授業に至るまで「学力」程度によって分別し、知的・関心の交流をさえぎる習熟度別授業、あるいは、小学校・中学校それ自体を個性化、多様化という名によって自由に選択させ、地域の子どもと親をバラバラにするやり方、高校ではこれまた高校の数だけ学力によって細分化する、ここでもまた分断。これで果たして、協力・共同・共生の地球時代に突入しようとしている国際的な時代の変化を見すえているのだろうか。あまりにも世界の流れとは逆方向に進んでいるように思えてならない。

無競争のフィンランドに学ぶ

ＯＥＣＤのＰＩＳＡ調査でトップの成績になり、日本からも熱い視線を注がれたフィンランドは、日本とはまるで反対。七〇年代から習熟度別授業や競争的働きかけを止め、果ては通知票も秋と春学期に一回ずつに減らし、教科学習よりも、総合的な学習を重視する授業や学習スタイルを貫く。「フィンランドの子どもに、あなたは何の教科が得意ですか？と質問をしないでくださいね」と当地の教師に言わしめるほど、教科よりも「事柄」学習、つまり、総合学習に重きを置いているのである。これによって、二〇〇〇年も二〇〇三年も総合第一位を占めたのである。

重要なことの、第一は、日本のように競争主義的な世界における順位を気にしたり、第一位を目指そうとはしていないことである。順位など問題ではないのである。

第二には、年間の平均標準授業時間が、日本よりいずれの学年においても少ないことである。例えば、七～八歳では、日本七〇九時間に対して、フィンランドは五三〇時間。同じく九～一一歳では、日本の七六一時間に対して六七三時間。一二～一四歳では八七五時間に対して八一五時間となっている。

第三には、フィンランドの学校では、他者との比較や競争とは無縁であること。他人と比較して順位が上か下かを問う意識など全くない。その証拠に、自分で卒業成績が悪いと判断すると、もう一年残って（留年）中学に通うこともできる。つまり標準的なスピードについていかれなくても、「落ちこぼれ」と見なされるのではなく、「もう一年余計に勉強している」と積極性を認められるのだ。高校進学も中学校の国、数、理、外国語など主要教科の平均値（基準は七点）で決まる。六〇％位の進学率だが、進学しない子は職業学校に進学。プロをめざすために劣等感は持ち合わせてない。

第四には、学習指導要領は、国の定めた一つの大まかな基準にすぎないということである。いかに実現するかは各学校の独自の判断にまかされている。もちろん、教科書も各学校で選ぶ。それどころか、子どもたちに朝の挨拶をしていて、とっさに思いついたりして〝組み立てる〟のである。独自性が強いといえる。

第五には学習の目的は、日本のように受験のための暗記・詰め込み型ではない点である。生涯にわたっていかに自己実現しながら生きるのか、そのための〝リテラシー〟をいかに育成するのかである。したがって、二〇％もの子に「特別補習」を施す。これによって、どの子にも公平に学力を保障していこうとしているのである。日本のように習熟度別授業に分けた上に、「ゆっくりコース」の子どもたちを切り捨て、将来の下流社会の人間を学校教育によって早期に分別するような差別的教育政策はとっていないのである。遅れてもけっして見捨てない。このような人間観こそが一人ひとりの個性を育み、自立心を育てていくのではないか。また、このような丁寧さこそが格差を生まない教育思想であり、すべての教育システムのコンセプトといえる。勉強の出来不出来に、スピードの速い遅いに関係なく、だれもが〝夢〟を抱ける社会を構築できるのではないか。

二　人づくりの基本は労働保障──すべての子に働く希望を

二〇代の年収一五〇万円未満が二割

〇六年八月八日の朝日（夕刊）トップに「広がる格差──二〇代の年収一五〇万円未満二割正社員月給三〇万円以上の差」なる見出しが踊った。つまり、派遣やアルバイトなどいわゆる非正社員が三割を占める二〇代の若年労働者層では、所得格差が急速に広がっていることを報じたのである。「労働経済の分析」（労働経済白書〇六年版）によると、二〇代で年収一五〇万円未満の若者が二割を超える一方で、五〇〇万円以上の者も増加している。確実に二極化が進行しているのだ。また、四〇代後半では、年収の最も高い層と低い層との月収差は、月に三〇万円を超えたという。

この格差拡大の速度は急である。また非正社員の増加ぶりは、九二年からの一〇年間で、二〇

〜二四歳では、一〇・七％から三一・八％へと約三倍増。二五〜二九歳では、一一・六％から二二・七％に倍増している。二〇代の年収は一五〇万円未満の層が一五・三％から二一・八％に増加。五〇〇万円以上は、二・九％から三・二％に増え、とくに二〇代での格差の二極化が顕著である。

先にも述べた通りこれらの格差拡大は三〇代、四〇代でも明らかであり、業績・成果主義の能力評価が大きく影響しているようだ。

だれもが〝希望〟と働きがいを

しかし、これでは若年労働者の労働へのモチベーションが上がらないばかりか、それに続く子どもたちの夢も育たない。今日、緊急を要する課題は、ここまで労働の多様化が進行した以上は、フリーターであれ派遣であれ、どのような労働形態を選ばされたにしろ、働きがいと生きがいを実感できる労働条件と処遇整備が求められる。また、格差の固定化防止のために、身分の任用替えに関して、その流動性を保障することや、本人の意欲さえあれば、研修などスキルアップが自由に可能な社会的システムの整備が求められる。さらに、企業まかせではなく、社会全体で若者をどう育てるのか、若者参画による強力な支援体制が求められる。

若者自身が声を発する教育を

ところで、今日の大人とボーダレスな情報化社会、グローバルな社会にとって、社会が若者を保護するだけでは不十分である。何よりも若者が自分自身の問題として、地域や社会、企業と向き合い、同じ境遇の仲間と共同行動をとることが重要だろう。つまり受身で、社会の改善を待つのではなく、自らの力で企業や社会のシステムを改善、改良することである。自らの所属する会社や社会の私的なシステムに限らず、法律や政策そのものを変更させ、新設させるぐらいの力が欲しい。働くことは生きることであり、これらを疎外する諸問題の原因の改善や人間性の回復に関して、具体的なアクションを起こせないようでは、日本の未来をになう若者としては心もとない限りである。

しかしそうは言っても、労働基準法・労働組合法・労働関係調整法、いわゆる労働三法について基礎的な知識とその行動スキルがなければ、〝現代の奴隷〟にも等しい。この時代を生きる主体性や労働の意味について、高校時代にいかに教えるかが、今日ではとくに問われているように思う。

その点、海外では当然のことのように高校生が行動している。例えば、フランスでは、〇六年一月から四月上旬にかけて若者解雇自由法ともいえる「初期雇用契約（ＣＰＥ）」の撤回を要求して大運動がくり広げられた。ＣＰＥとは、「解雇が容易になることで企業は積極的に若者を採用する」（ドビルパン首相）などという論理で提案された「若者使い捨て法案」とも呼べる〝不安定雇用法〟だったのである。これに対して、全国八四大学のうち六〇超、四三〇〇高校のうち三〇〇超の学校でストライキなど直接行動が広がった。四月十日、ついにシラク大統領は「CPE撤回と代替案提案」を表明。これらの動向は、日本のTVニュースでも流れ、注目した視聴者も多かったはずである。これは、今日世界を席巻する新自由主義に対しても人々は対抗できること、一人の市民、一人の若者が、まさにグローバルに手を携えれば厳しい状況でも変革できることを示すことができたのである。その意味において、きわめて貴重な経験であった。

自尊感情とアイデンティの確立を

これらの内発的エネルギーが日本の高校生や大学生、青年たちから姿を決して久しい。一体なぜなのか。諸外国と比較すると、日本の若者の主体性のなさ、自立心の弱さ、コミュニケーションやプレゼンテーションスキルの劣化がきわ立っている（後述の二四二〜二四六ページ参照）。これは、一にも二にも日本の子どもたちの学校生活のあり方が、大きな影響を与えていると考えざるをえない。

例えば中・高校では「子どもの権利条約」（一九九四年批准）の精神にのっとり、どこまで子どもたちの学校参加が保障されているだろうか。また、どれだけ自主・自治活動の訓練・体験を経させているだろうか。他の批准国とは異なり、厳しく一方通行的な校則のもとに、自分の意見表明さえできず、自分らしさ、自己のアイデンティティの確立もできないままで高校、大学へと進学している。これでは、日本の未来は危ういのではないか。

どんなに厳しい環境におかれていても、「フッーにたくましく生きる」意欲やパワー、スキルだけは次世代の子どもたちに身につけさせておくのが、先人としての大人の役割、社会の責務ではないだろうか。それとも、一部のエリート以外は命令のままに奴隷のように動く人材を求めているのだろうか。

三　国は財政負担を、教育は子どもと市民で——格差の固定化を防ぎ、どの子にも夢と希望を

「教育難民」の出現

家庭の経済力の差が学力や進路を左右している実態については、これまで述べてきた通りである。ところが、今や九六％〜九七％台（東京二三区）にまで達している高校進学において、「生活保護世帯児童の中学卒業者進路一覧表」を見ると、二〇〇三年度から二〇〇五年度の平均高校進学率は八六、三％。先の全都の平均と比べると、何と一〇％も低くなっているのである。さらに注目すべきは、全日制高校への進学率である。東京の二〇〇三年度の全日制高校進学率は、九一、四％（「公立学校統計調査報告書」都教委）。これに対して、ある区の三年間（二〇〇三年度〜二〇〇五年度）の平均は、六二・三％。およそ三〇ポイントも低い。一般世帯とは大きな格差である。これは明らかに「差別」に他ならない。その証拠に、〇五年度からようやく高校進学が認

められ、「就学扶助」制度が新設された。これなどは、所得格差が進学格差を生み、将来格差、つまり生きる希望の芽を摘んでいるのである。

返せぬ奨学金

日本学生支援機構（旧日本育英会）の奨学金利用者のうち、返済を三カ月以上も滞納している者が〇五年度末時点で一八万五〇〇〇人にも達している。これは〇一年度一四・三万人から急増した現象である。滞納額も一八六四億円にもなっている。

ところで、この滞納理由こそ注目されるべきだろう。「無職・失業」が、二〇・三%で二番目である。〇一年度では、わずか六・五%で六番目だったというから、いかにこの五年でリストラや首切りが深刻化しているのかがよく理解できる。「低所得」と答えた人も二二・一%にも達する。つまり、リストラにあったり、そうでなくとも収入減から〝払うに払えぬ〟ジレンマに陥っている人が四二・四%、約半数にも及んでいるという点である。しかも一九九九年度から「有利子枠」の拡大が開始された。これでは、奨学金、つまり「学びのローン」に対してまで、金利をつける旧日本育友会の〝教育ローン〟化サラ金政策ではないのか。

所得の低い家庭の子がやっとの思いで高校進学し、奨学金をもらって大学に進学しても、なんと大学の入学金だけでも私学では約三〇万（〇四年度）。入学時にかかる費用は、トータル一三〇万であった。これでは大学に合格しても、入学時の必要経費が準備できないではないか。

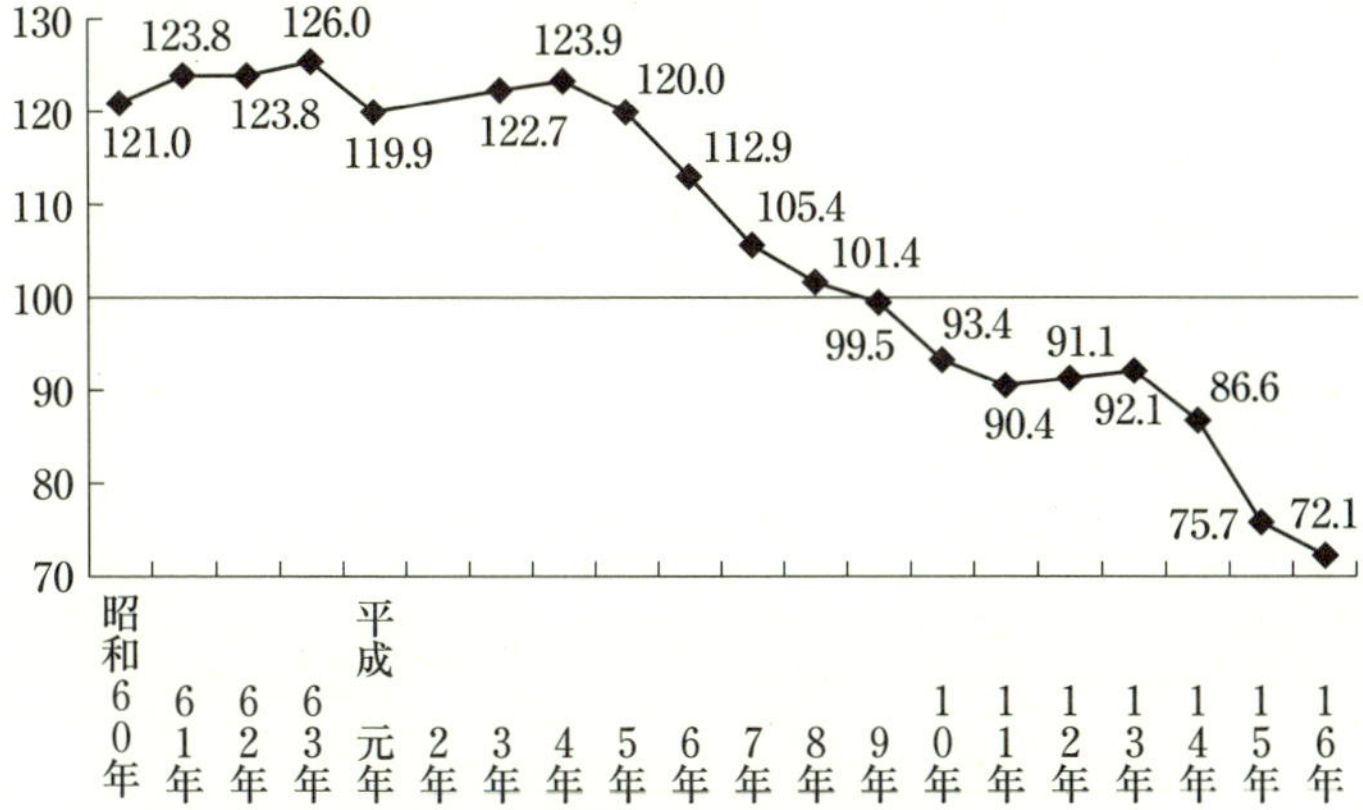

（注）予算措置率とは基準財政需要額に対する決算額の割合のこと
各年度、決算額ベースで算出

出典：文部科学省資料

図Ⅶ－2　教材費予算措置率の推移（小・中学校）

教育にお金を使わない日本

「国家予算に占める初等中等教育予算」の推移は明らかに落ち込んでいる。したがって、例えば昭和六〇年に国家予算が先行的に「一般財源化」された教材費や図書費、教員旅費などは、徐々に減額されていくことがわかる（図Ⅶ－2）。準要保護児童・生徒に関わる認定基準等も第Ⅰ章で見た通り減らされている。

これでは、〝教育難民〟が発生しても少しも不思議ではないだろう。

いつの間にか（二〇年ほど前に比べると）、日本はGDP比に対して、教育費に最もといってもよいほどお金を出し惜しむ国になってしまったようだ（図Ⅶ－3）。とくに義務教育課程では、OECD平均の三・七％に比して、わが国は、わずかに

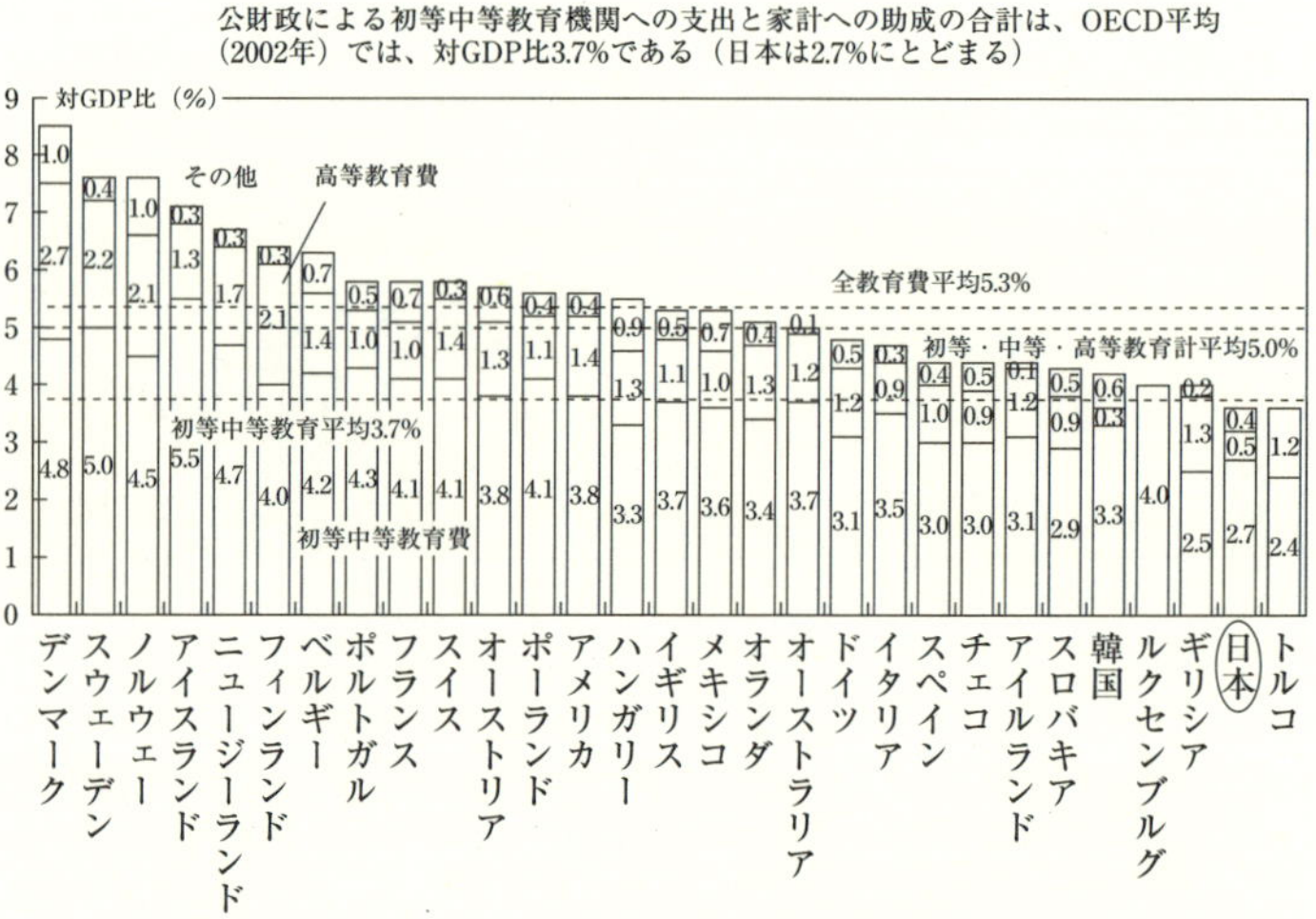

OECD「図表で見る教育2005」（文科省資料）

図Ⅶ－3　初等中等教育への公財政支出・対GDP比

二・七％。ギリシア（二・五％）、トルコ（二・四％）に次いでワースト「3」に入っている。初等中等教育費の合計では、ＯＥＣＤの平均が五・三に対して、日本は三・二である。おまけに、これまで二分の一負担していた国庫負担金を三分の一に減額。図Ⅶ－4のように、国際的には、日本の教育予算は、国際的な動向に逆行している。イギリスやフランスは全額負担の方向に流れており、アメリカ、ドイツは州が主体である。

どうすればよいのか

では、これら国際比較や国内の〝教育難民〟が急増する実態を前に、私たちはこれらをどう考え、何をなすべきなのか。

第一には、経済優先主義の今日の考え

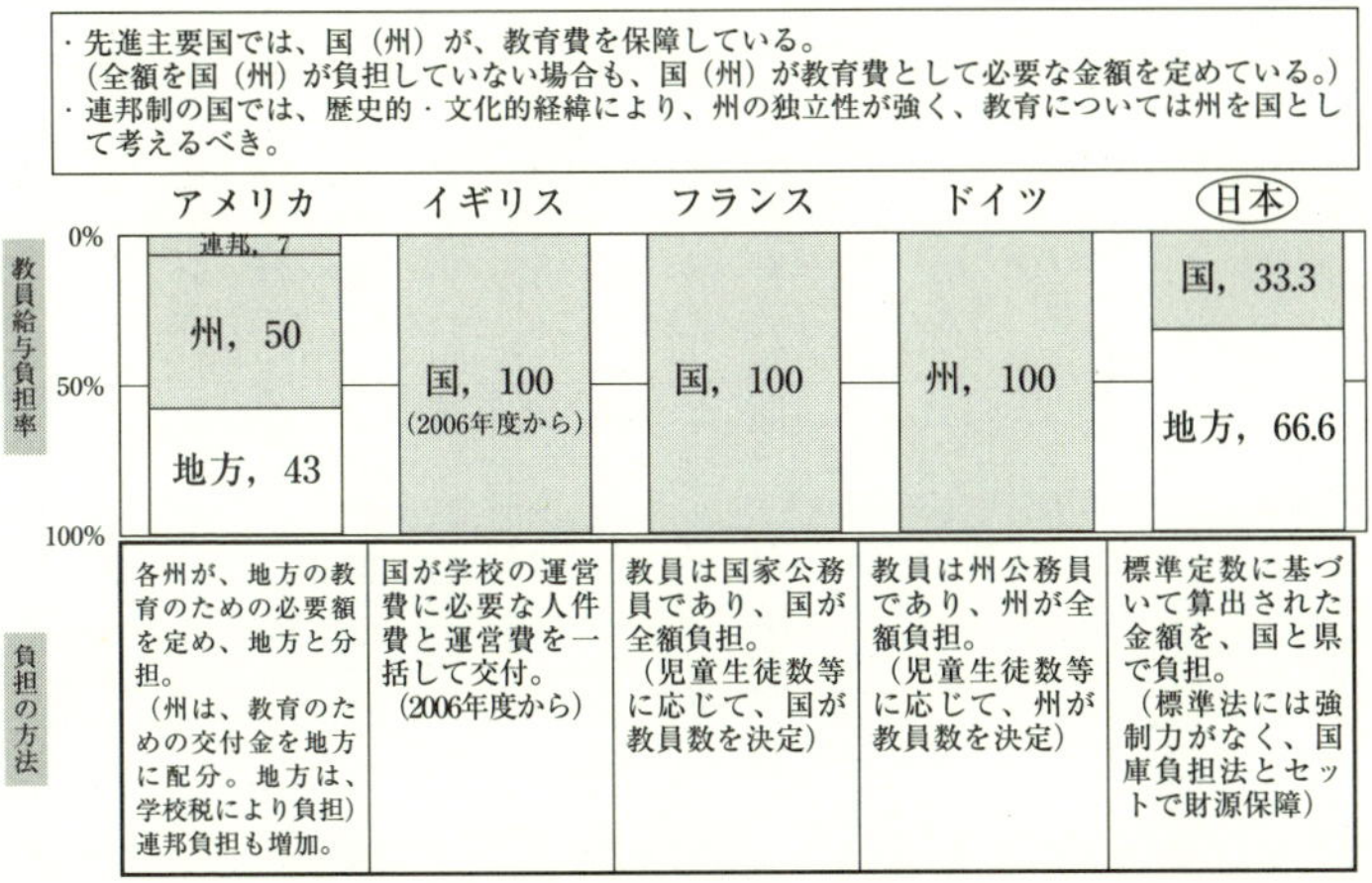

・先進主要国では、国（州）が、教育費を保障している。
（全額を国（州）が負担していない場合も、国（州）が教育費として必要な金額を定めている。）
- 連邦制の国では、歴史的・文化的経緯により、州の独立性が強く、教育については州を国として考えるべき。

	アメリカ	イギリス	フランス	ドイツ	日本
教員給与負担率	連邦、7 州、50 地方、43	国、100 (2006年度から)	国、100	州、100	国、33.3 地方、66.6
負担の方法	各州が、地方の教育のための必要額を定め、地方と分担。 (州は、教育のための交付金を地方に配分。地方は、学校税により負担) 連邦負担も増加。	国が学校の運営費に必要な人件費と運営費を一括して交付。 (2006年度から)	教員は国家公務員であり、国が全額負担。 (児童生徒数等に応じて、国が教員数を決定)	教員は州公務員であり、州が全額負担。 (児童生徒数等に応じて、州が教員数を決定)	標準定数に基づいて算出された金額を、国と県で負担。 (標準法には強制力がなく、国庫負担法とセットで財源保障)

文部科学省調査

図Ⅶ－4　義務教育費の負担方法［国際比較］

方に〝待った〟をかけることであろう。そのためには、規制「改革」を主張する新自由主義の考え方に対して、〝教育の現状〟と〝子どもの実態〟〝親の願い〟などを事実に基づいて示すことだろう。同時に教育界、とりわけ教育行政関係者の奮闘――すなわち議会などの〝政治力〟に対して〝教育の論理〟でどの子も希望が持てて限りなく伸びる教育の保障こそ市民の願いであり、国益にも直結していることを、これまた〝論争〟としてではなく、事実と実践例に基づいて説得的に押し出さなければなるまい。

ところで、最も重要な役割をになっているのは、学校の教員である。現場で子どもたちと直接向き合う毎日の実践現場から積極的な発言を強化すべきであろう。

教育基本法第一〇条を持ち出すまでもな

く、教員は、「国民全体に対し直接に責任を負って行なわれるべきもの」であり「教員は全体の奉仕者」（第六条）なのである。

憲法九条を持ちながら、今日のイラクに派遣された自衛隊との間の矛盾と同じように、教育の世界も教育の原理原則たる最高法がないがしろにされ、形骸化させられすぎている。したがって、今日の憲法理念や教育基本法に抵触するような「改革」や現状、それに教育格差の拡大や固定化などという最悪の教育破壊、あるいは人権侵害が大手をふって横行していても、そのおかしさに気付きにくくなってしまっているのではないか。このように基本となる軸がブレた時には、教育費は、国が負担するという原則、「教育は無償とする」（憲法）原理まで、無視どころか攻撃さえ、されかねないという社会的緊張情況に陥っているのである。

今日の教育費問題、学力格差問題は、単なる教育や経済問題だけにとどまらない。今日の日本のあり方、憲法や基本法が全く姿を消してしまったかのような社会情況に対する警鐘としてうけとめるべきかもしれない。

緊急の具体的対策

第二に、しかし、時代と社会は変化する。その中で〝具体的〟〝緊急〟にどうするかが問題である。以下に整理してみる。

（１）就学援助、高校の授業料免除制度などは、教育を受ける権利の視点から学校が積極的に保護者に説明すべきであろう。日本では、親が負担する児童、生徒一人当たり年間学習費総額（〇四年度）は、文科省調査によると、小学校、三二万四千円、中学校四六万八千円も要しているのである。これらのうち学校行事（修学旅行、通学用品等）に必要な教育費は、小学校五万四千円、中学校一三万二千円である。これだけ教育費がかかっては、教育が家計を圧迫しているのも納得できる。

（２）教材費、給食費は一定基準のもと無料化をめざす。

例えば、北海道の三笠市では〇六年四月から給食費（年間一人四万二千円）を全額公費負担としている。もちろん、これまでも生活保護家庭などは免除していたが、市内六校に通う約三〇〇人が新たに対象となった。当該市では、人口減少率が全国三位ということもあって、市民アンケートの結果、経済的支援を求める声が多く、全員が平等に恩恵を受けられる給食費を全額公費負担とすることになったものである。

この問題は当市のみが特別なケースではあるまい。全国の子を持つ国民に共通した願いではないか。

（３）団塊世代活用の無料塾――少ない費用でいかに私立中学に進学させるか。今、とくに東京など大都市圏の家庭では四苦八苦が続く。中には、お父さんの帰りの楽しみの飲み屋通いを断って、進学塾費を捻出している。また「少ない費用で私立中へ進ませる方法」を載せたホームページも活用されている。五〇〇万円の年収で二人とか、七五〇万円で三人進学などと涙ぐましい限りだ。なにしろ、大手進学塾では年間六〇万円〜八〇万円、家庭教師代は年三〇万〜九〇万。ゆうに年間百万円を超える。これでは、少しでも安く上げるため、父親が情報収集や学校選びに奔走したり、父親自身が毎日子どもの勉強をみるという、大きな変化が生まれているのもうなずける。

教育雑誌や週刊誌までもが、父親向けのこの種の特集記事を年間を通して載せ始めたのには、このような読者の強い要望が控えているからのようだ。教育領域における規制緩和と選択の自由、自己責任路線は、行きつくところまで行った感がある。しかし、これらメディアのように浮き足立つべきではないだろう。本質的な矛盾や問題点の解決に向けた批判的分析や記事こそ本来の読者の要求でもあるからだ。目先きの大衆迎合主義は、自らの足場をも揺るがす結果になりかねない。

その意味では、文科省の方がまだましだ。塾に通えぬ小・中学生のために「無料の〝公立塾〟」を開設、教員のOBなどを使って補習、学力格差の解消を図ろうというものだ。むろん、考え方において「本末転倒」であることは当然だが、むしろ、単なる対処療法に終わらせるのではなく、公的施設を放課後の子どもたちの集いの場に位置付ける意味では、「子どもプラン」の実践的な充実版として、新たな地域コミュニティーづくりの一つの拠点として育てることもできるのではないか。また、団塊の世代の新しい生きがいの場としても機能しそうである。進学塾などのように受験対策に重点を置くのではなく、意欲的に勉強したい子どものために学びの場を提供することは必須であろう。現在小四〜小六での通塾者三七％、中学生五一％（文科省）にとっても、ありがたい〝公立塾〟となるかもしれない。

（４）奨学金を手厚く

学びたい者はどこまでも学べる基本姿勢を貫くためには、奨学金システムの拡大・充実は不可欠である。先にも述べたように、今日のような〝教育ローン〟化した制度を抜本的に改善し、資金源の確保は、これまでの先例にとらわれることなく大胆に幅広く意識して、〝新しい奨学金〟システムと思想を打ち立てる必要がある。

こうして、対処療法的アプローチと根本的施策の両面から対応し、〝教育は無償〟の原則を実態化させることと実践のリアリティーを吹き込むことが緊急に必要である。

四　格差に負けない生き方

○六年の夏。人々が心をひかれる歌の中には、何となくこの格差社会を居直って生きようとする〝自然体のパワー〟のようなものが感じられた。格差に負けない生き方が近い将来、一つの層として登場する予感を抱かせる。〝再チャレンジ〟などと政府の指導者から発信されるような〝お情けちょうだい〟はご免こうむりたい。上からの〝おこぼれ〟には必ず巧妙なトリックが隠されていて、格差がさらに固定化される危険さえあるからだ。くり返しになるが、「格差」「格差」というものの、何も台風や豪雪のような自然災害ではない。グローバリズムなどと体のよいカタカナ語をまとっているだけで、その覆いを一枚剥げば、格差社会でいい思いをしている一部の人々の素顔が見られるかもしれない。

したがって、これも繰り返しになるが、そのような現代の日本を相対化し、客観的に分析できる視点を持つべきだろう。つまり、時の政府や行政にだまされないで原因を発見し、解決への政策提言できる能力を発揮しなければなるまい。

「理想はわかるが現実的にはどうするのか」という不安も理解できる。しかし、現象的にいわゆるブランド大学に合格しても、かつてのように幸せになれるとは限らないことは、若者のコミュニケーション不全やひきこもり問題が示している。どこに入るかではなく、「どのような力」をつけて生き方を方向づけたのかが重要なのだ。現代のような先行き不透明で格差が広がる情報化社会だからこそ、単純にブランド力にすがるわけにはいかないのだ。主体的に自分らしく社会と向き合い、人々と生き合える力、社会の主体となれる力をこそ身につけさせなければ、本当の幸せをつかめないのではないか。そういう展望のもとに進路も考えたい。

1　日本の中学生の学習意欲

〝日本の中学生は、授業についていけず、学問への情熱も、自信も責任感も乏しい〟。こんな悲惨な日本の中学生像が、アメリカ・中国・日本の国際比較調査で明らかになった（読売新聞、二〇〇二年一一月八日付）。

とくに、大学への進学希望状況の比較は、衝撃的である。日本の中学生は「大学の学部まで」が三八・九％と約四割。トップである。〝当然〟と納得する人も多いのではないか。

これに対して中国では、わずかに一九・九％と二割を切っている。ところが実は、これは中国が低いわけではないのだ。中国の中学生の博士課程までの希望者は、驚くなかれ四七・五％と約半数。修士課程までが二三・七％で、合計なら七一・二％にも達している。つまり、中国の大方の中学生は、大学院までの進学を希望していることになる。

他方、アメリカでは、学部までの進学希望者が三〇・一％。大学院は、修士までが二八・六％、博士までが一八・〇％と、これまた約半数近くにも達している。

両国とも、今や大学院まで進んで学問を究めるのが多くの若者の希望するところであり、そういう社会の共通認識があるかのようだ。

これに対して日本は、大学院の修士まで希望する中学生が一・〇％、博士までは二・四％。合計でもわずかに三・四％。なんという大きな落差であることか。

二一世紀の知識社会に入って、当然のことのように、専門の学問や研究に従事することに夢をふくらませる米・中の中学生に対して、日本では、学問へのあこがれは、ほとんど萎えてしまっている。人為的な学力格差の波に押し流されそうになっているのかもしれない。

これは、四則計算の力や漢字力が何ポイント落ちたなどといった「学力低下」のレベルをはるかに超えた、深刻な事態と言わざるをえない。

将来への夢もなく

これらは、「将来、情熱を注ぎたいこと」（複数回答）とも大きくかかわってくる。

日本は「スポーツの分野」（三二・四％）、「音楽の分野」（二五・一％）、「ファッションの分野」（二三・〇％）が上位三項目。「学問の分野」は八位で、たったの一一・八％しかない。

これに対して中国では、「ＩＴの分野」が四四・九％と飛び抜け、「学問の分野」が三三・三％と続く。一方、アメリカの第一位は、日本と同様に「スポーツの分野」（四六・六％）だが、第二位は、「学問の分野」（四五・七％）である。

しかも、アメリカの場合、「学問の分野」は前回（一九九〇年、三一・六％）よりも、約一四ポイントも増加している。日本は逆に、四・三ポイントも落ちている。「スポーツ」「音楽」「ファッション」がベストスリーとは心もとない限りだ。

自己肯定感の弱い日本の中学生

もう一つ気になるのは、中学生の〝自己像〟のもろさである。

「自分に大体満足している」に「よくあてはまる」とした者が、アメリカ五三・五％、中国二四・三％に対して、日本はたったの九・四％。自分自身を評価しないばかりか満足もできない様子がよくわかる。

また「私は、多くの良い性質を持っていると思う」かについては、日本は「よくあてはまる」（六・六％）、「ややあてはまる」（二八・〇％）が、合計でも三四・六％。アメリカは、八九・三％、中国五五・五％と自己肯定心情の面でも、日本はとび抜けて低い。

「計画を立てたら、それをやり遂げる自信がある」中学生（「よくあてはまる」と「ややあてはまる」の合計）が、中国（七七・四％）、アメリカ（九一・三％）に対して、日本はこれまた三九・四％と、米国の半分以下の低さである。

これでは、彼らに自己責任など期待のしようがない。「自分に起こったことは、すべて自分の責任だ」に「よくあてはまる」と答えた者が、アメリカ五九・七％、中国四六・九％。これに対して日本の中学生は二五・二％と、やはり低い。

学校・地域・社会参画で自信と責任感を

学力低下を騒ぐよりも、このように日本の中学生が自信を喪失し、学問への情熱を萎えさせ、将来への展望をも見失っている状況こそ問題視し議論すべきではないのか。

また、中学生の意識と意欲を高めるためには、授業や学校づくりはもちろん、地域づくりにも中学生の声を広く取り入れ、参画の舞台を広げることが重要だろう。

そのようななかで初めて、二一世紀の知識社会を生きる主体として子どもたちが目覚め、人々の幸せにつながる学問研究にも意欲と情熱を燃やせるようになるのではないだろうか。

2　日本の高校生も学習意欲なし

では、高校生はどうか。最新のデータ（「日本青少年研究所」〇五年一〇月～一二月実施、高一～三年生約七二〇〇人対象）では次のような姿が鮮明にされた。つまり、日米中韓の四カ国の中で、日本の高校生は学校の成績や進学への関心度が、先の中学生と同様に、最も低いという結果である。図Ⅶ-5からわかる通り、米中韓では「勉強ができる生徒」を志向する傾向がはっきりしているのに対して、日本では「クラスの人気者」（日本四八・四％、米国二一・六％、中国六六・二％、韓国四一・四％）などに意識が向いている。「希望の大学に入りたい」などは、わずかに二九・三％にすぎない。他国との学習意欲の格差は歴然としている。しかも、「食べていける収入があれば、のんびりと暮らしたい」（二四・七％）などとひそかに進む「下流社会」化に気付いていない。現代社会の思潮や政治力学、労働の実態把握など社会科学的な認識が弱いことが見てとれる。これでは、格差を打破することも困難であり、反対に上手にうけ入れることも困難に陥るかもしれない。

国内調査はさらにリアル

先の中・高生調査にさらに、小三、小六を加えると、高学年になるに従って、いかに学習生活から逃避していくかが一目瞭然である。日本教育学会の調査（小三、小六、中二、高二の四学年、全国一一地域、有効回答六二二五人、〇五年）によると、小学生段階では家庭学習を「ほとんどしない」は、いずれの学年も三割弱。これが中二で六割強、高二では、八割近くに急増しているこ

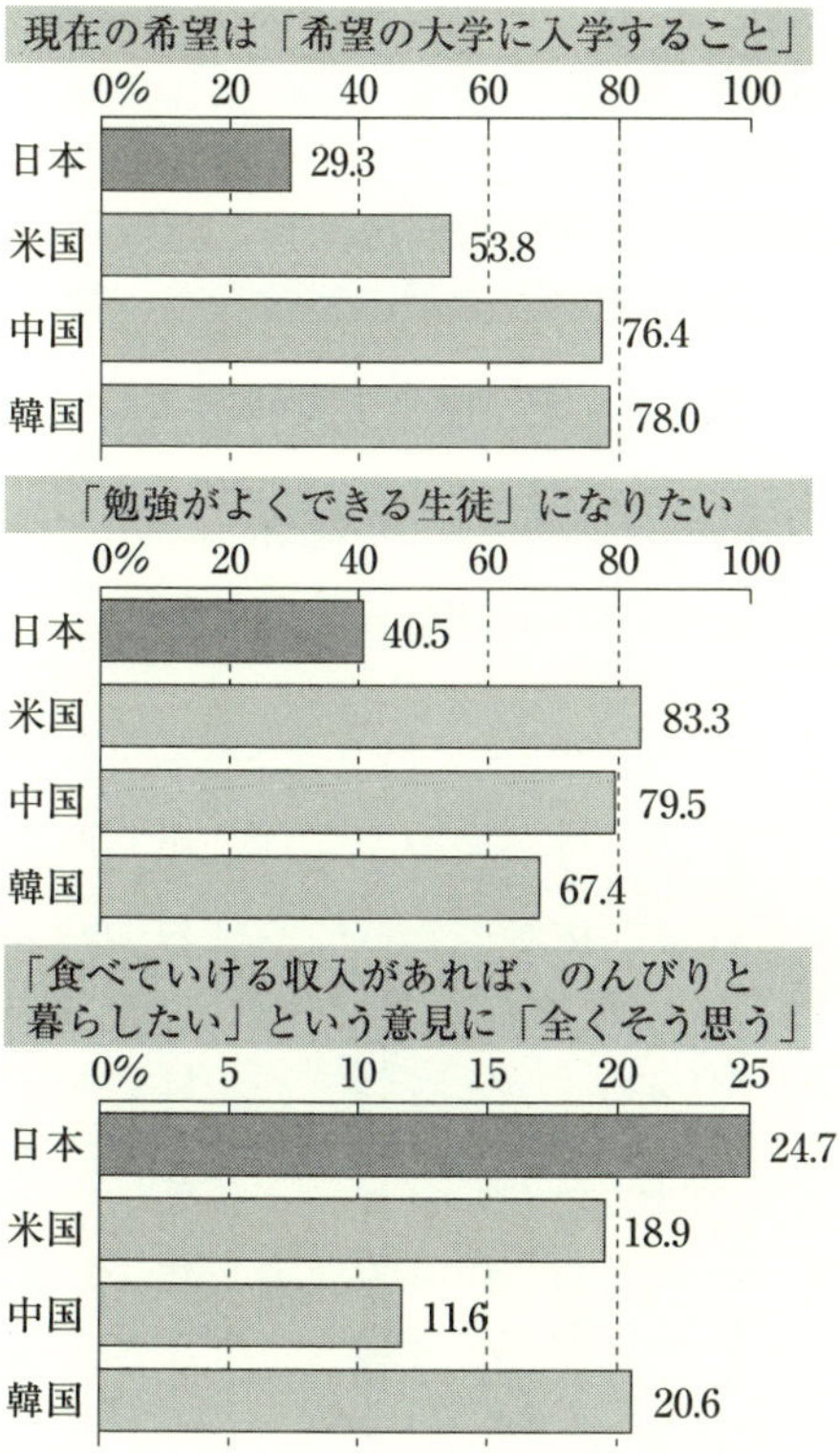

（日本青少年研究所調べ）

図Ⅶ−5　日米中韓4カ国の高校生の意識差

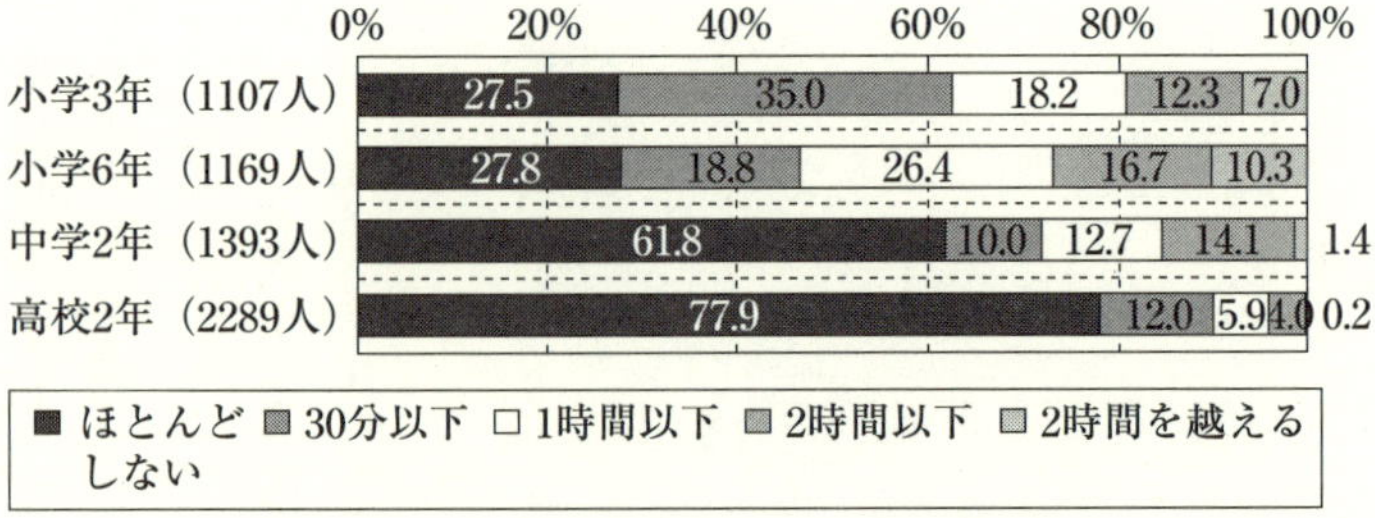

（『希望をつむぐ学力』久冨善之・田中孝彦、明石書店、05年9月より）

図Ⅶ−6　4学年別の家庭学習時間5分類

とがわかる（図Ⅶ－6）。つまり、ここまで、日本の中・高生は勉強しなくなったということである。そして、その分だけ次に述べるように「身辺化」して楽しく生きるように変質しているのである。

3　「身辺化」して生きる若者たち

先の中・高生のみならず、今や日本の一〇代は、社会や世界に目を広げず、ひたすら家族友人関係など「身内」へと閉じた空間に生きようとしている。したがって、ここ一、二年少年犯罪が社会や外に向かわないで、親殺しや兄弟殺し、友人殺しが多発しているのも、このことが大きく影響しているのである。つまり、〝内なる殺人〟の多発である。これでは格差社会を超えて生きることはできない。

読売新聞が中学生以上の未成年者五〇〇〇人を対象に行った「全国青少年アンケート調査」（二〇〇二年一二月から〇三年二月実施）でもこれらが実証されている。私は次のようにコメントしている。

子どもというものは、大人と違い未来に生きる。ところが、彼らの誕生以来、社会は先行き不透明なまま。これではたまらない。生きづらい。

この濃霧の世界の中を生きるには、まず身辺を固め「今」を楽しまざるをえない。休日は、家でゴロゴロしながらテレビを見、マンガを読む。ふだんは、「親しい友達と一緒」。ひとり「趣味を楽し」むこともある。または、「家族と一緒」にいる。これらは「充実」感を与えてくれる。このように未来よりも今、社会よりも自分を大切に「身辺化」して生きると、「毎日の生活」は、案外「楽しい」（八四％）。

子どもから見ると、親はリストラの不安に襲われつつも、毎日を生きている。子どもとぶつからず「理解」（七四％）も示す。だから親は「尊敬」（七八％）に値する。

激しい情報化で世界は開かれていくのに、逆に閉じて「身辺化」する若者。この矛盾を突破してくれる「携帯電話」は今や必需品だ。中学生の三割近く、高校生以上では九割が所持。「身辺」の「友達づきあい」を結ぶ大切なツールとして「必要」（七一％）だ。

「身辺化」して、いかにも気楽な若者たち。が、六割もが「キレ」たり、「つかれやすい」（三五％）、「ストレスがたまる」（三一％）と訴える。

やはり親世代が、今という時代に正面から向き合い、厳しい時代を生きるパートナーとして若者に手をさしのべたい。同時に未来をたぐり寄せる知性と情熱、勇気を示す必要があるのではないか。

4　階層差と生活、考え方の相関関係

ところで、これらの学習生活に関しても、純然たる経済格差というよりも、もう少し間接度の高い、文化階層の三区分別に中・高それぞれを先の日本教育学会の調査から比較したものが表Ⅶ−2である。

幸せ感の格差

面白いのは、「学校の勉強はつまらない」と感じるのは、中・高を問わず階層差はほとんど見られない点である。これは、Ⅲ章でもふれたＯＥＣＤのＰＩＳＡ調査結果とも同一傾向を示している。しかし、ここで重要な点は、表Ⅶ−1からわかるように「勉強はよくわかる」に関しては、高階層では、中二で六四・九％。一方、低階層では四四・六％と二〇ポイントも落ちる。ここに格差があることは明らかである。あれほど家庭学習をしない中・高生ではあったものの、実は、階層間格差が奥に潜んでいることを見落としてはなるまい。すなわち、家庭学習を「ほとんどしない」のは、中二の文化高階層では、四八・九％に対して低位層では、二二ポイントも高い七一・七％にも達しているからである。

これは、高二に関しても同様の傾向が見られる。もちろん、「学校外の学習時間」の長短にも共通傾向は示されている。高二では、文化階層の高、中、低と順に三五・〇分、二一・〇分、一

表Ⅶ−2　文化階層3区分で見る生徒の回答傾向抜粋（中学2年と高校2年）

	中学2年の文化階層3区分別			高校2年の文化階層3区分別		
	階層・高	階層・中	階層・低	階層・高	階層・中	階層・低
学校の勉強はよくわかる⇒「感じる」の比率（%）	64.9	58.4	44.6	49.7	41.4	37.6
学校の勉強はつまらない⇒「感じる」の比率（%）	70.7	71.7	74.8	77.3	79.0	80.1
家庭学習⇒「ほとんどしない」の比率（%）	48.9	65.0	71.7	67.6	78.6	86.8
学校外の学習時間：その平均値（分）	69.1	51.3	41.0	35.0	21.0	13.3
テレビビデオを見る時間：その平均値（分）	153.1	180.3	188.9	129.9	136.1	148.5
勉強の得意さ⇒「不得意」の比率（%）	12.4	18.3	30.2	41.6	45.6	51.3
私は今幸せだと思う⇒「思う」の比率（%）	80.6	68.9	53.0	76.5	65.1	55.6
他の人より優れたところがある⇒「思う」の比率（%）	38.1	27.8	23.1	42.8	34.0	27.0
才能恵まれた人には敵わない⇒「思う」の比率（%）	45.7	56.3	56.6	57.6	61.7	60.5
通塾（予備校を含む）率（%）	61.0	51.6	33.7	13.0	9.3	5.3

出典：日本教育学会による

三・三分と確実に減少していく。これらと「幸せ」感が比例している点も注目に値する。中二段階でも、すでに高、中、低と八〇・六%、六八・九%、五三・〇%と格差に応じて見事に「幸せ」感は低下していく。自己肯定感の「他の人より優れたところがある」と思う比率に関しても、同様に三八・一%、二七・八%、二三・一%と階層差をはっきりと見せている。通塾率も文化の高い層では六一・〇%に対して低い層では高い層の半分近い三三・七%でしかない。

　経済・収入格差ほど直接的

ではないにしても、経済との相関関係の強い文化階層差において、これほどはっきりした落差が存在するということは当然、経済格差との関係の深さを予想させる。

5 「力」ばかりの教育行政

では、このような中で、文科省はどのような施策を打ち出そうとしているのか。図Ⅶ－7は『『生きる力』の育成を目指す教育内容・目標の構造（イメージ案：改良版②）』なるもの。一見して明らかな通り「力」のオンパレードである。「確かな学力」に始まり、「〇〇する力」が五つ、「生きる力」が「健康増進力」「意思決定力」「将来設計力」「感性・表現力」「人間関係形成力」「言語・情報活用力」「知識・技術活用力」「課題発見・解決力」と八つも、列挙されている。

チマチマ力の養成

いかにも体系的であるかのように装ってはいるものの、はたしてこれが人間的といえるのだろうか。こまぎれのミンチのような「力」の集合体が人間なのではあるまい。書店にも「コミュニケーション力」「集中力」「説得力」等々、ある一人の筆者による、まるで「〇〇力」シリーズでは、と見まちがうほど「力」ばかりの本が山積みされている。しかし、大切なことは、いかに社会や歴史を見つめそこと切り結びながら、自分自身はいかに働き、どのように自己実現しながら生きるのか、歴史の主体としての生き方、役割を把握するのか――ではないのか。

図Ⅶ-7の最終的にたどりつく先は「実社会・実生活」となっている。これでは、今日の大人の作った「実社会」を「善」で最終点とした上での、そこに適応していかに「生きる力」を獲得するのかにすぎないのではないのか。実社会・実生活をより幸せなもの、人々が平和でいつまでも安心して暮らせる実態を持たせるものに変革する視点が見られない。となると、表Ⅶ-3のような「社会人基礎力の三つの能力・一二の能力要素」（経済産業省「いきいきとした社会に向けて」〇六年二月）が構想する人物イメージの世界にそのまま引きずり込まれることになりそうである。先の文科省の諸「力」や書店にあふれている「〇〇力」路線とウリ二つではないだろうか。

私達は、これらの「チマチマ力」の養成などに目を奪われてはなるまい。これらの「力」は確かに〝無用〟ではないかもしれない。しかし、格差社会を縮める力や解消するパワーは生まれてはこない。体よく「活用」されるだけだろう。

私達は、表面的な「力」に頼るのではなく、どのように社会をとらえ、分析し、いかに人々と共同して平和に生きるのか、そこに自己の生きがいを発見できるのかという、そういう大きな視点や変革するための学力やリテラシーを有する子どもを育成したいのである。

学問とは、そのような力を道しるべとして示してくれる武器であるはずだ。学力とは、そのための羅針盤でもある。

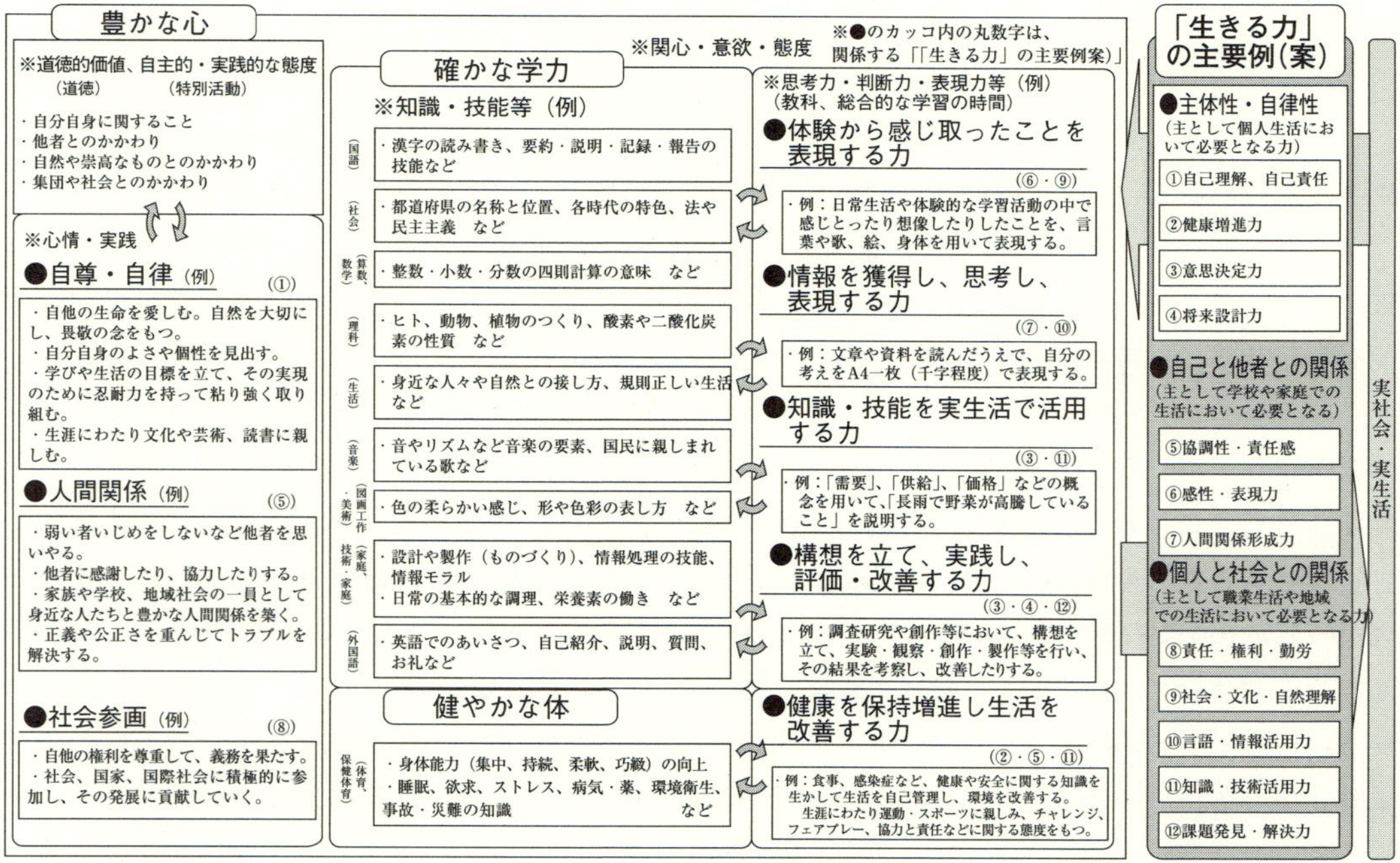

図Ⅶ-7　「生きる力」の育成を目指す教育内容・目標の構造（イメージ案：改良版②）

表Ⅶ-3　社会人基礎力の3つの能力・12の能力要素

分類	能力要素	内　容
前に踏み出す力（アクション）	主体性	物事に進んで取り組む力 例）指示を待つのではなく、自らやるべきことを見つけて積極的に取り組む。
	働きかけ力	他人に働きかけ巻き込む力 例）「やろうじゃないか」と呼びかけ、目的に向かって周囲の人々を動かしていく。
	実行力	目的を設定し確実に行動する力 例）言われたことをやるだけでなく自ら目標を設定し、失敗を恐れず行動に移し、粘り強く取り組む。
考え抜く力（シンキング）	課題発見力	現状を分析し目的や課題を明らかにする力 例）目標に向かって、自ら「ここに問題あり、解決が必要だ」と提案する。
	計画力	課題の解決にプロセスを明らかにし準備する力 例）課題の解決に向けた複数のプロセスを明確にし、「その中で最善のものは何か」を検討し、それに向けた準備をする。
	創造力	新しい価値を生み出す力 例）既存の発想にとらわれず、課題に対して新しい解決方法を考える。
チームで働く力（チームワーク）	発信力	自分の意見をわかりやすく伝える力 例）自分の意見をわかりやすく整理した上で、相手に理解してもらうように的確に伝える。
	傾聴力	相手の意見を丁寧に聴く力 例）相手の話しやすい環境をつくり、適切なタイミングで質問するなど相手の意見を引き出す。
	柔軟性	意見の違いや立場の違いを理解する力 例）自分のルールややり方に固執するのではなく、相手の意見や立場を尊重し理解する。
	状況把握力	自分と周囲の人々や物事との関係性を理解する力 例）チームで仕事をするとき、自分がどのような役割を果たすべきかを理解する。
	規律性	社会のルールや人との約束を守る力 例）状況に応じて、社会のルールに則って自らの発言や行動を適切に律する。
	ストレスコントロール力	ストレスの発生源に対応する力 例）ストレスを感じることもあっても、成長の機会だとポジティブに捉えて肩の力を抜いて対応する。

注：「職場や地域社会で活躍する上で必要となる要素」として、「社会人基礎力」以外に、基礎学力、専門知識、人間性、基本的な生活習慣も併せて示されている。

出所：経済産業省「いきいきとした社会に向けて」2006年2月より。

一〇の視点を

そのためには、次の一〇の視点を意識することが大切であろう。

① 教育は福祉の領域であること。

② 一人勝ちではない、それぞれが伸び合える〝大海の中の競争〟こそ意味のある〝共創〟とすること。「安心と共同」の追求をすべきこと。

③ 夢と希望を持ち続けられているかを一つのメルクマールとしてチェックすること。

④ 格差の拡大・固定化チェックを怠らないこと。

⑤ 特別支援の必要な子どもたちから人間の発達について、生きる意味について学ぶこと。

⑥ 多様性と個性の尊重。

⑦ 教育は、子ども（人間）の発達と人格の形成にのみ資するものであるという原点の確認が必要。

⑧ だからこそ教員は、権力や行政にではなく、「国民に直接責任を負」っているのだということ。教師の直接責任性を忘れないこと。自覚すること。

⑨ 人権保障、子どもの権利条約に照らして基準のレベルアップを。

⑩ これもみな、歴史は次世代がにない、発展、前進させていくものであるという、子どもたちへの深く限りのない信頼、歴史観への信頼があればこそ実効性があるのである。

これらを意識できて初めて、いかに日本の経済があえいでいても、「なにもなくても、希望だけはある」と子どもたちが瞳を輝やかせ、胸を張って言える日本になるのではないか。

「新・学歴社会」の予感――あとがきにかえて

教育バウチャーを考える

安倍内閣の発足に伴って、〝教育バウチャー制度〟が、大きな話題を集めている。本書で述べてきた「格差社会」是正の重点政策として打ち出されただけに、わかりやすさもあってか注目を浴びている。一部では、教育格差解消の決定打であるかのような錯覚さえ広がり始めた。しかし、本当にそうなのだろうか。

バウチャー制度の由来

「教育バウチャー」制度とは、一九六〇年代に米国の経済学者フリードマンの提唱による「教育券」（金券）発行のことである。

その目的は、一言でいうと「教育の自由化」、「公教育の民営化」である。コンセプトは、教育は「サービス」であり、受け手の親子が主体となって「教育券」を使って学校選択を自由に行うことにある。このシステムと結合して、各学校間が公・私の別なく自由に競争することにより、各学校の教育の質の向上をはかろうとするものである。

これまでにとり入れている国における評価はどうか

イギリスでは、八〇年代から九〇年代に保守党が、優秀だが経済的余裕のない家庭の子どもに対して私立校の授業料を負担する制度を一時期導入したものの、現在の労働党は、「利用者の大多数は高学歴家庭」であり、「一部生徒に特権的な教育を与えるもので社会的公正に反した」と批判、全面的に廃止した。四歳児を対象に行われていた保育段階における、「保育バウチャー」制度も施設間の競争激化により、ボランタリー性の高い保育所などが次々と閉所に追い込まれ廃止となった。

このように、理論とは逆に過当競争が格差の拡大と固定化を生み出し、社会的に大きな弊害をもたらした。その結果、現在では、三・四歳児への一定期間の無償教育を提供するという、福祉の視点に切り換えた施策に転換している。またニートは、イギリスにおいては、先のサッチャー政権の「学校評価制度」の導入によって、学校の評価を落とすまいとした校長が退学を乱発。処分者が急増したことにより一九九九年ごろ生み出された一六歳から一八歳の青年たちのことである。現政権は対策の充実に力を注いでいる。

一方、アメリカでは、ミルウォーキー、クリーブランド、ワシントンD・C、フロリダ州など全米六地区を中心に採用されている。他に学校選択制の手段として、チャータースクールやマグネットスクールなども採り入れているのが特徴である。

では、アメリカにおける主な目的は何だろうか。次に列挙し、教訓を導き出してみよう。

・親の学校選択の拡大・学校間の競争（ミルウォーキー）。
・低所得の生徒に対する学費支援・教育プログラムの悪い学校に在籍している生徒に対する学校の選択肢の提供（クリーブランド市）。
・パフォーマンス評価が悪い学校に在籍する生徒が他校に転校する機会を付与（フロリダ州）。

また、これら実施地域での評価は、どのような結果が出ているのだろうか。まず、「正の効果」としてあげられているのは、

・高校卒業率の上昇、親の満足度の向上、学校施設の財政難の解消、公立高の質の向上等である。

しかし、「負の効果」として、

・財政難の学校が急激に生徒を増やしたことによる質の低下、私立高の高コスト化、公立間の競争激化、受給できなかった人の不満、不公平感の高まり、などである。

その他ニュージーランドやチリなどでも、バウチャー制度の例はある。しかし、いずれの制度も文化的、経済的、歴史的な背景が大きく異なっており、単純な国際比較は困難である。共通しているのは、どの国でも〝評価は未定〟ということのようである。それだけ多くの課題や矛盾を抱えているのである。つまり学校というもの、教育というものは、いかに資本主義社会とはいえ、街中の商品のように、何でも競争主義原理を適用すれば活力が生まれ、展望が開けるほど単

純でも、簡単でもないのである。学校は、地域性や伝統に富んだ極めて高度な文化的営みの場である。必ずしも目に見える数値や形などで、すべてが判断できるというものではない。ましてや、政治の目玉や人気取りになったり、脚光を浴びたりする性質のものではないだろう。

教育バウチャー制度を考えるポイントは何か

以下のような項目が考えられそうである。

①だれを対象にするのか。
②どんな目的で実施したいのか。
③どのようなタイプのバウチャー制が日本には適しているのか。その根拠は何か。
④就学援助金や生活保護、障害児童・生徒への手厚いケアなどで充分に対応できるものではないのか。（福祉としての教育の充実という視点を強化してはどうかということ）
⑤競争主義原理である以上、必然的に敗者の学校が出ることをどう見るのか。
⑥学校間格差がさらに拡大、固定化することは先行する国の事例から確実だが、どうするか。
⑦バウチャー制は、地域間格差を生み、階層化社会、つまり〝新・差別化社会〟化することは必然的である。日本はそれでいいのか。
⑧どう考えても裕福層や情報が多く知的文化環境におかれた高学歴家庭に有利に働く。
⑨現段階では、導入しているどの国でもあまり評価は高くない。

⑩政治的話題づくりとしてはわかりやすく面白いが、現実性のある教育論、教育政策とは言えまい。しかも全国一斉展開ができるほど安定した制度ではないようである。
⑪施行にかかる事務、手続きに必要な諸経費はどうするのか。他に回す方が賢明ではないのか?
⑫小泉前首相官邸規制改革、民間開放推進本部が公表している「教育バウチャーに関する研究会」(平成一八年五月一八日)が慎重論を唱えているが、その内容通りであろう。

また、イギリス、アメリカ、ニュージーランドにおける新自由主義的思想の影響を受けた「学校の自律」「親の学校選択」という戦略、つまり、教育バウチャー制はどう評価されているのか。研究書を読んでも「あまり納得のいくようなものではない」「このようなプログラムが持続性を持つものかどうか、疑問が残る」(『教育改革の社会学――市場、公教育、シチズンシップ』ジェフ・ウィッティー著、堀尾輝久、久冨善之訳、東京大学出版会)としている。教育方法ではなくシステムそのものの変更は、よほど慎重でなければとりかえしがつかないことになる危険性をはらんでいるのである。

日本での議論

教育バウチャー制度の実態については、これまで海外の先行事例を教訓にして述べてきた通りである。これに対して日本の国会での論議はどうか。次のように展開されている。

・保護者・子どもが学校を自由に選べるようにする。

・現状の学級数と教員数に応じてではなく、生徒数に応じて学校に予算配分をする。
・予算配分は公立も私立も同じに扱う。
(「経済財政会議」における小泉首相と宮内義彦規制改革・民間開放推進会議議長――当時――、四月一九日)

これだけ見ると、公立・私立の別なくバウチャー(利用券)によって、文字通り「お金のあるなしにかかわらず、わが子を公立にも私立にも行かせることができる」(安倍晋三『美しい国へ』文芸春秋、二二六ページ)ことになり、一見、自由に選択でき、お金のない人にはいいことずくめのように見える。

しかし、これは幻想である。なぜなら、今日の私学が保護者に求める経済負担額は膨大であり、国家がその全てを保障するとなると、総額は莫大になるからだ。もし現在のような緊縮財政で進めるとなると、一定金額以上は保護者の負担となり、その負担金を支払える家庭とそうでない家庭との格差が歴然とする。こうして、貧困層が富裕層に追いつくことはいつまでたっても不可能なのである。不満はイギリスのように広がるばかりであろう。かと言って国の全額負担になれば、国家予算が圧迫され破綻しかねない。

そうなると、金持ちの富裕層こそバウチャーを上手に利用して、引越しをしたり、ワンルームマンションを購入してでも有名私立に子どもを通わせるだろう。むろん、私学はますます強気になって、国から支給される予算に加えて、二倍、三倍も経費のかかる充実した教育を準備するであろう。ちょうど〇六年四月に開校された愛知のトヨタなどが経営する海陽中等教育学校が入学に際して三〇〇万円以上も必要なのと同じである。いかにバウチャーを与えられ頭がよくても、だれもが三〇〇万円も準備してここを選べるわけがないのである。

いずれにしても、公私が対等で平等な〝競争〟とはなりえず、公私間の格差は今以上に開き、固定化するに違いない。私学へバウチャーが回るようにしようとすれば、自動的に公教育の経費削減につながり、公教育は壊滅的打撃を受け、やせ細ることになりかねない。

教育バウチャー制は、結局のところ所得格差をより強固に教育格差へと連結させる役目を果たすだけである。

いや、それ以上に、国と地方が住民の要求をくみながら、わが国の教育、とりわけ義務教育の質に責任を負ってきた、これまでの伝統的な気風を土台から揺るがしかねない。このように〝学校の商品化〟が進行し、お金に余裕のある層ほど手厚い教育やエリート教育を受けられるようになるだけであろう。

こうして、かつての「学力」による学歴社会の崩壊の後には、「経済力」による「新・学歴社会」が誕生することになる。

「金力」による「新・学歴社会」、階層化社会の始まりである。

教育の条理を大切に

あらゆる種類の教育特区や矢継ぎ早の教育改革。全国の小中学校の校長の九割近くが「教育改革が早すぎて現場がついていけない」と戸惑い悲鳴を上げている（全国小中学校一万八〇〇〇校対象。〇六年七月～八月。回収率約四割。東京大学基礎学力研究開発センター調査）。

これらをていねいに分析すると、そこには、これまでの教育条理概念をことごとく「古い」「改革」というキーワードで踏みつぶしている政治的乱暴さが見てとれる。その廃墟から姿を見せるのは結局は経済力、文化力において秀でている家庭の子どもたちだけのような気がする。

つまり、これら教育システムの経済原理主義に基づく「改革」では、〃新・学歴社会〃への道をひらくことになるのである。それは同時に、日本社会を階層化へと進めることと表裏一体であることを意味している。

このような教育システムを子どもたちは望んでいるのだろうか。教育や子どもの問題だけでなく、将来の日本の国のあり方、人々の生き方の視点から見て日本的といえるのだろうか。

また、全国一斉学力テストなる競争によって、小中学校を全て順位付けし、ラベリングしようとしている。これも本当に効果的なのだろうか。果たして教育は市場主義的競争にむいているのだろうか。

さらに、改定教育基本法（与党案）では、「法律」に従って、すべての施策を文科省のリーダーシップのもとに計画化・実施（一七条）させようともしている。

これでは、明らかに「国民の教育権」ではなく、「国家の教育権」に転換し、憲法に反する。上からの締めつけが、これ以上厳しくなれば、国連子どもの権利委員会が勧告（一九九八年六月）したように、日本は「高度に競争的な教育制度のストレス」で「児童が発達障害にさらされている」ことが危惧されるのも当然であろう。加えて、二〇〇四年にはその後の施策において「十分なフォローアップが行われなかった」と勧告をさらに強めているのもうなずける。もっと視野を世界に広く持つべきではないだろうか。

性急な「改革」という名の規制緩和と無原則的な競争を進めることは危険極まりない。落ち着いて諸外国の失敗事例や先行研究に学び現場の声に耳を傾けながら、教育改革を進めるべきではないか。

そうしないと、気が付いたときには、取り返しがつかないほど「新・学歴社会」化された国になっている予感がする。日本の伝統的な「結」や相互扶助など、生活に根ざした「和」の精神など吹き飛んでいるだろう。

経済力や文化力、情報力が格差を生む社会にだけはしてはなるまい。能力があり、意欲があれば、すべての子どもたちが成長・発達できる、活力ある平和な社会であってほしい。

教育は角度を変えれば〝福祉〟であり、生きる〝ライフライン〟の保障でもある。私たちは、今一度原点を見つめなおし考えを暖めたいものである。

――〝新・学歴社会〟にだけはしてはなるまい。子どもたちのためにも、日本の未来のためにも。

なお、第Ⅱ・Ⅲ章は拙著『競争より「共創」の教育改革を』（〇三年、学陽書房）『学力低下をどうみるか』（〇〇年、ＮＨＫブックス）『思春期の危機をどう見るか』（〇六年、岩波新書）の一部を引用し補筆したことをお断りしたい。

最後になってしまったが、企画の段階から汚い原稿の整理、校正に至るまで、根気強くその労をおとりくださった青灯社の辻一三氏には深く感謝申し上げたい。また、わが臨床教育研究所「虹」のスタッフ堀之内、渡部両氏にも大変お世話になった。

教育問題がいきなり「政治の表舞台」に上げられスポットライトを浴びている。そんな折しも教育の現状を的確に捉えるのに本書が、少しでも役立てば望外の喜びである。

尾木直樹

二〇〇六年一〇月

尾木直樹（おぎ・なおき）一九四七年滋賀県に生まれる。一九七一年早稲田大学教育学部卒業後、海城高校、東京都公立中学校教師を経て、現在、教育評論家、臨床教育研究所「虹」所長、法政大学キャリアデザイン学部教授、早稲田大学大学院客員教授。現場の豊富な教師体験を生かした、子どもの立場にたつ教育論の第一人者。著書『学校は再生できるか』『「学力低下」をどうみるか』『「学級崩壊」をどうみるか』（以上ＮＨＫブックス）『思春期の危機をどう見るか』『子どもの危機をどう見るか』（以上岩波新書）『尾木直樹の教育事件簿』（学事出版）他

新・学歴社会がはじまる
——分断される子どもたち

2006年11月5日　第1刷発行

著者　尾木直樹

発行者　辻一三

発行所　株式会社青灯社

東京都新宿区新宿1－4－13

郵便番号160－0022

電話03－5368－6923（編集）

03－5368－6550（販売）

URL http://www.seitosha-p.co.jp

振替　00120－8－260856

印刷・製本　株式会社シナノ

ISBN4－86228－008－0 C1037

小社ロゴは、田中恭吉「ろうそく」（和歌山県立近代美術館所蔵）をもとに、菊地信義氏が作成